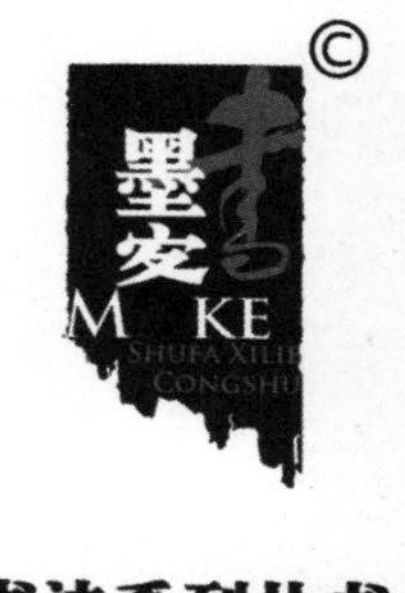

书法系列丛书

SHUFA XILIE CONGSHU

中国历代名碑名帖原碑帖系列

龙门石窟拓 下

刘开玺 编著

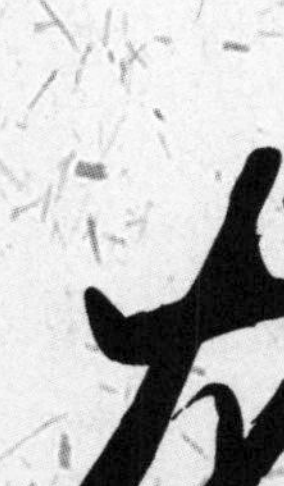

黑龙江美术出版社

出版说明

龙门石窟拓指选自龙门石窟中北魏时期的二十方造像题记，其中十九品在古阳洞，一品在慈香窟。内容一般是表达造像者祈福消灾的美好愿望。

龙门石窟拓是北魏时期书法艺术的精华之作，它所展现的书法艺术，是在汉代隶书和晋代隶书的基础上发展演化而来的，字体端庄大方、刚健质朴、既具隶书格调，又有楷书因素，是『魏碑』体的代表，在中国书法艺术发展史上具有极为崇高的地位。

孙秋生刘起祖等造像记

邑子像

邑子像

邑主中散大夫
荣阳太守孙道务
宁远将军中散大
夫颍川太守安城
令卫白犊

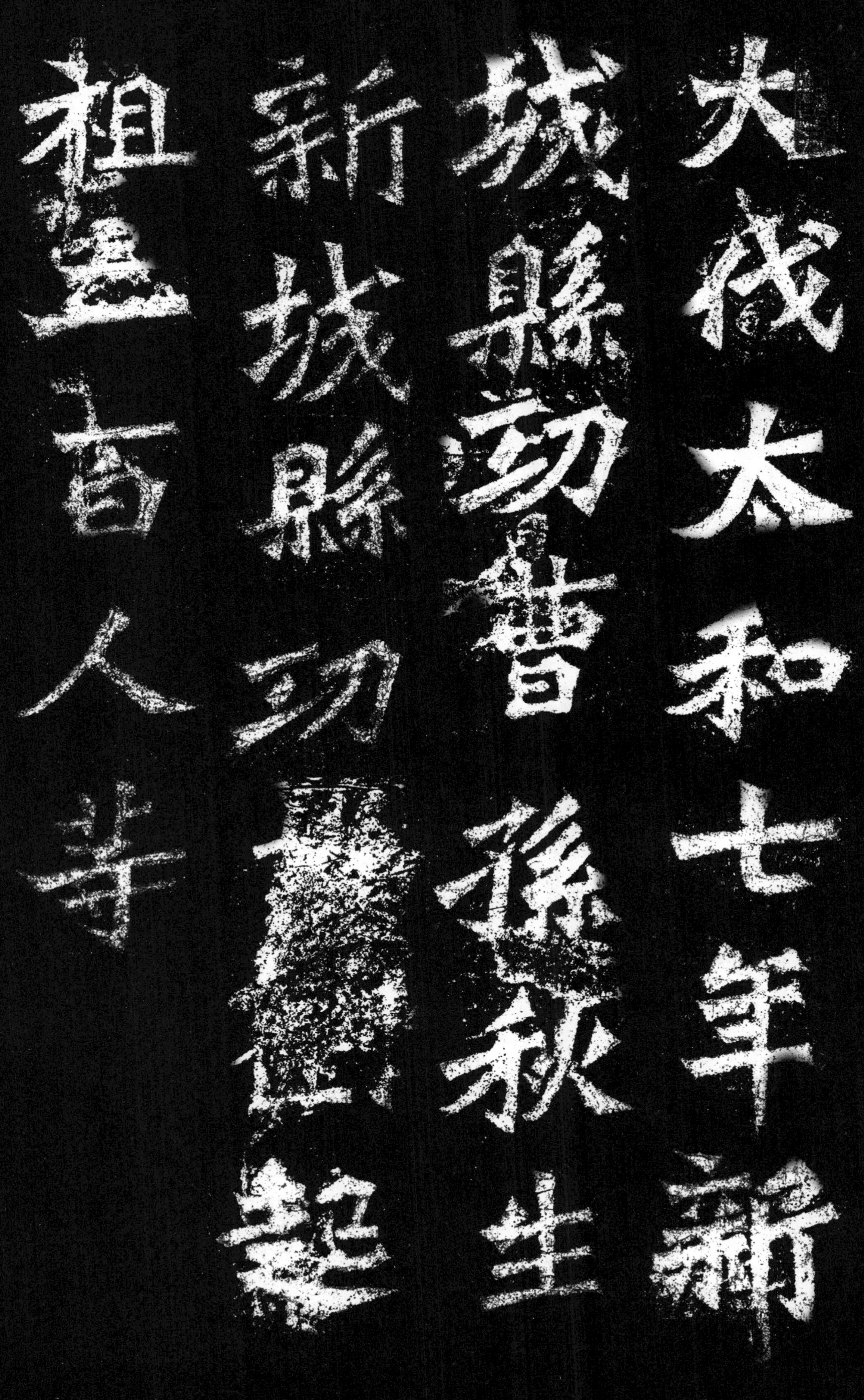

大伐太和七年新城县功曹孙秋生新城县功曹刘起祖二百人等

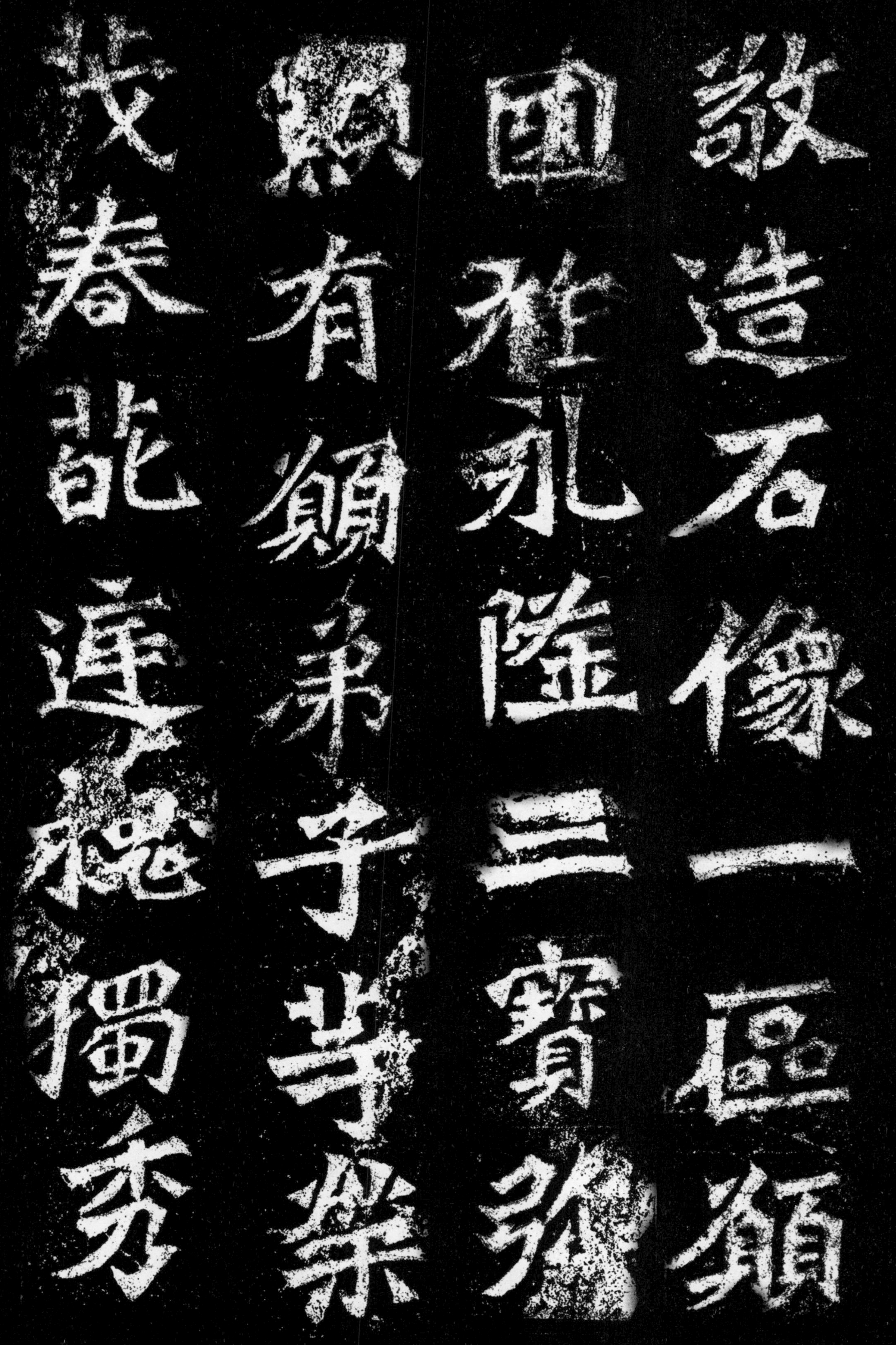

敬造石像一区愿
国祚永隆三宝[弥]
[显]有愿弟子等荣
茂春葩庭[槐]独秀

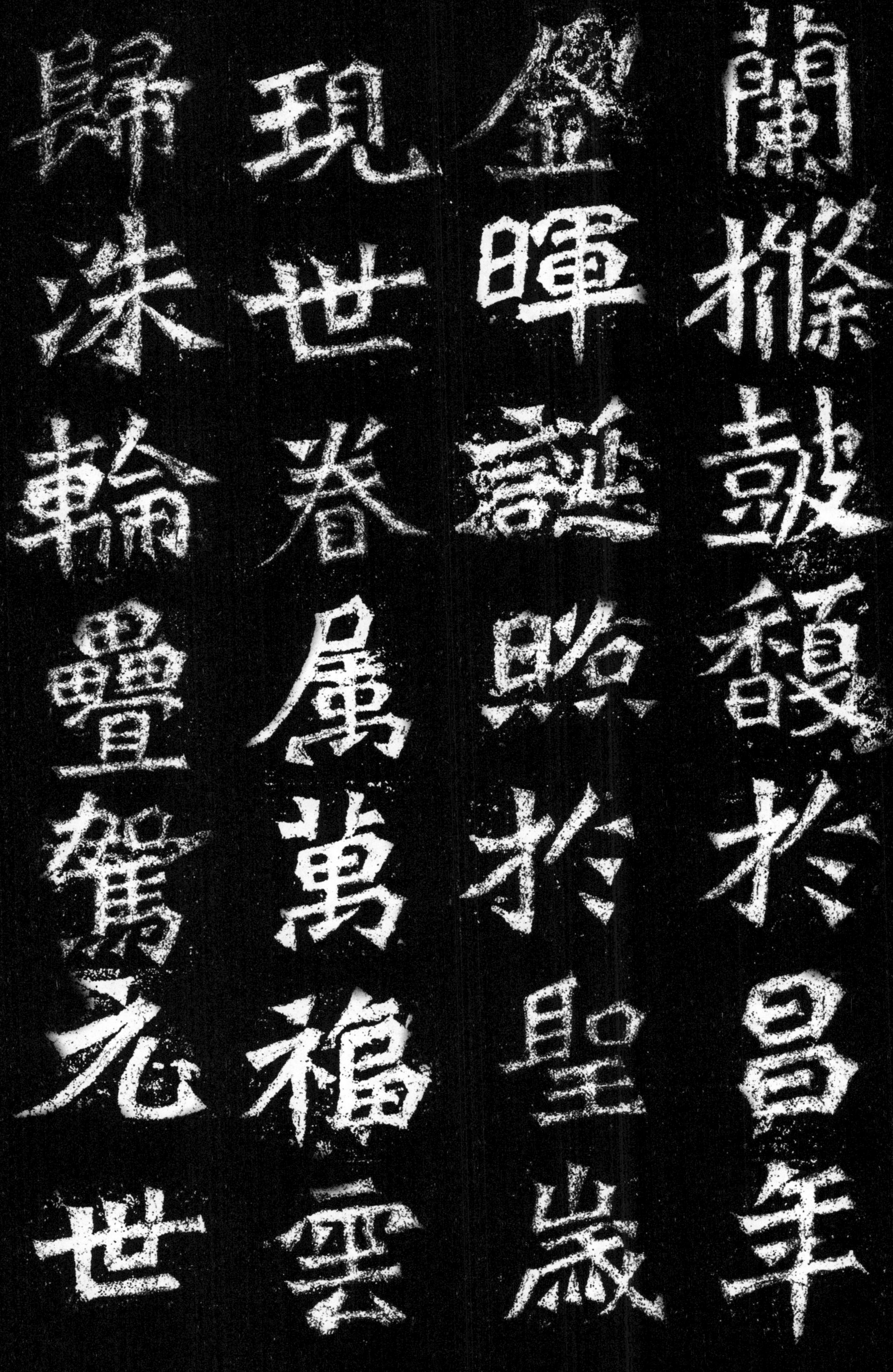

兰条鼓馥于昌年
金晖诞照于圣岁
现世眷属万福云
归沫轮叠驾元世

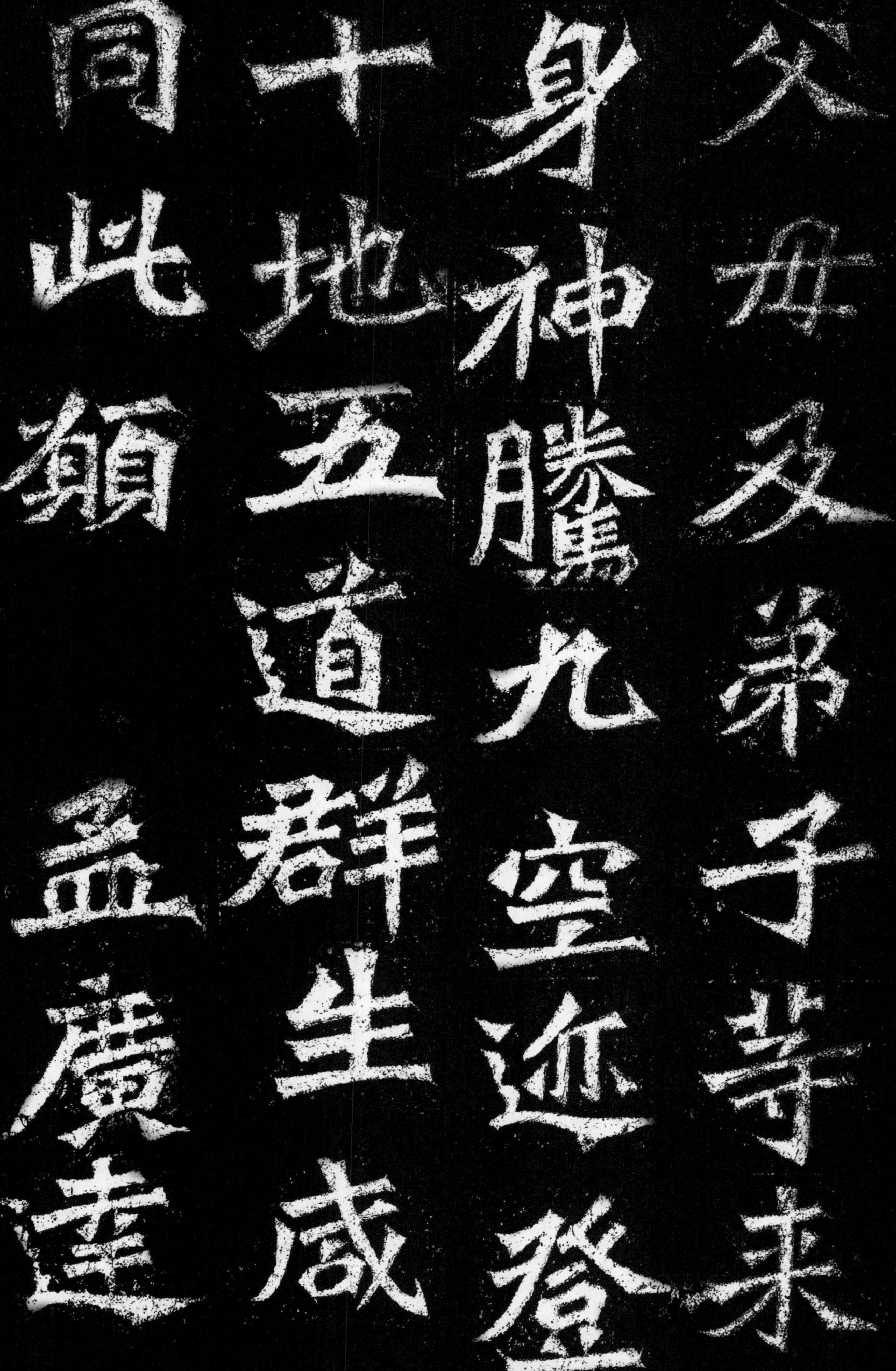

父母及弟子等来
身神腾九空迹登
十地五道群生咸
同此愿盂广达

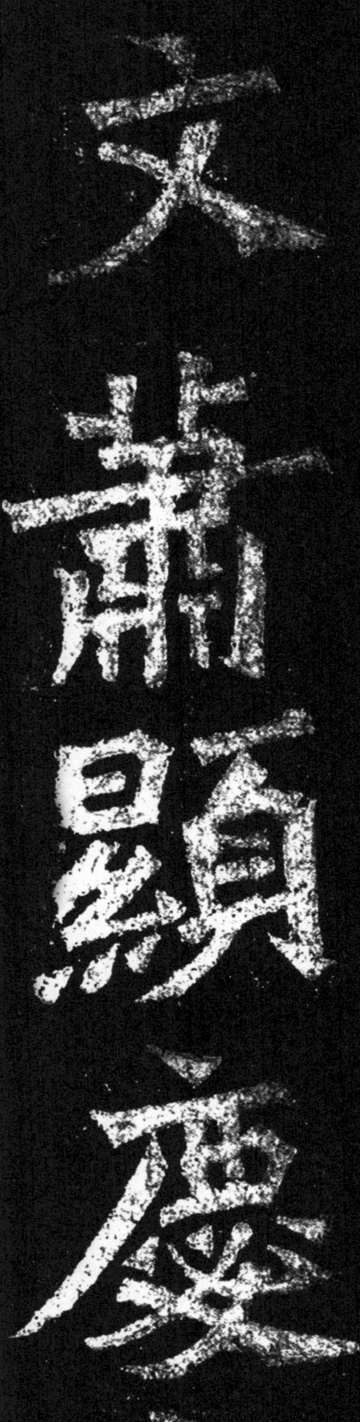
文蕭顯慶書

唯那程道起孙龙保卫
伯尔孙祖德卫辰刘俱
韩买贾念赵□□高双
高后进唯那夏侯文德

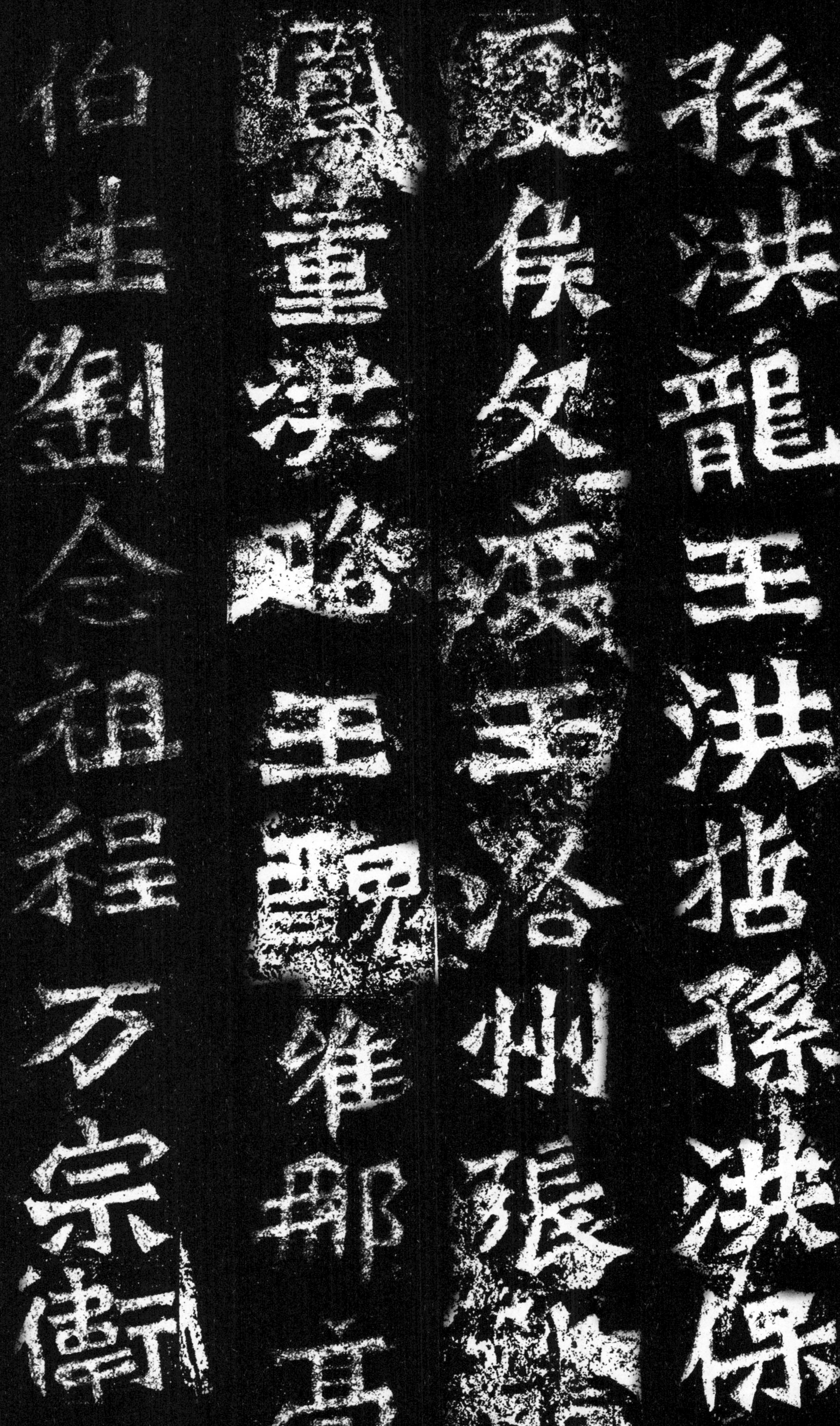

孙洪龙王洪哲孙洪保
夏侯文度王洛州张龙
凤董洪略王丑唯那高
伯生刘念祖程万宗卫

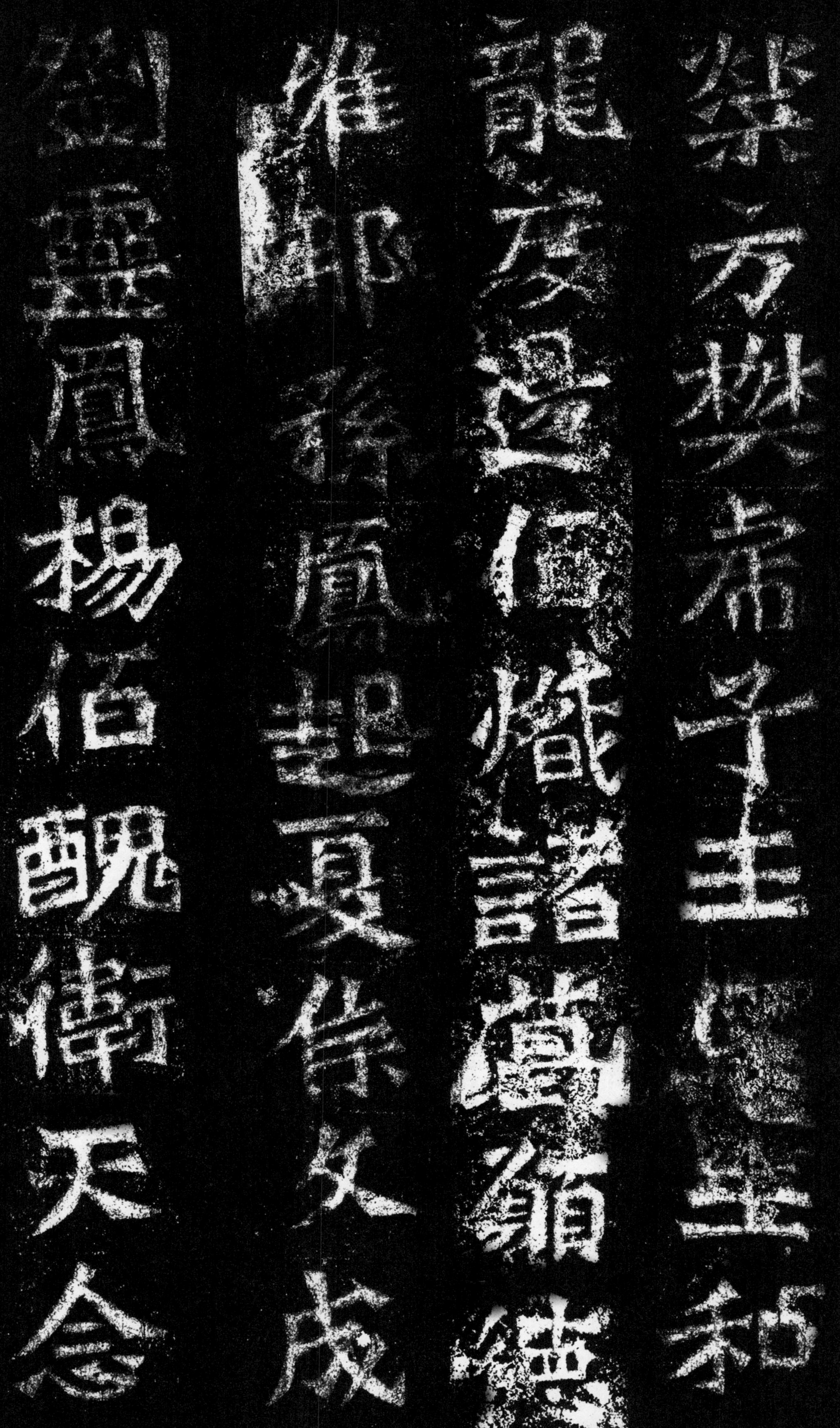

荣方樊虎子王马生和
龙度边佰炽诸葛愿德
唯那孙凤起夏侯文成
刘灵凤杨佰丑卫天念

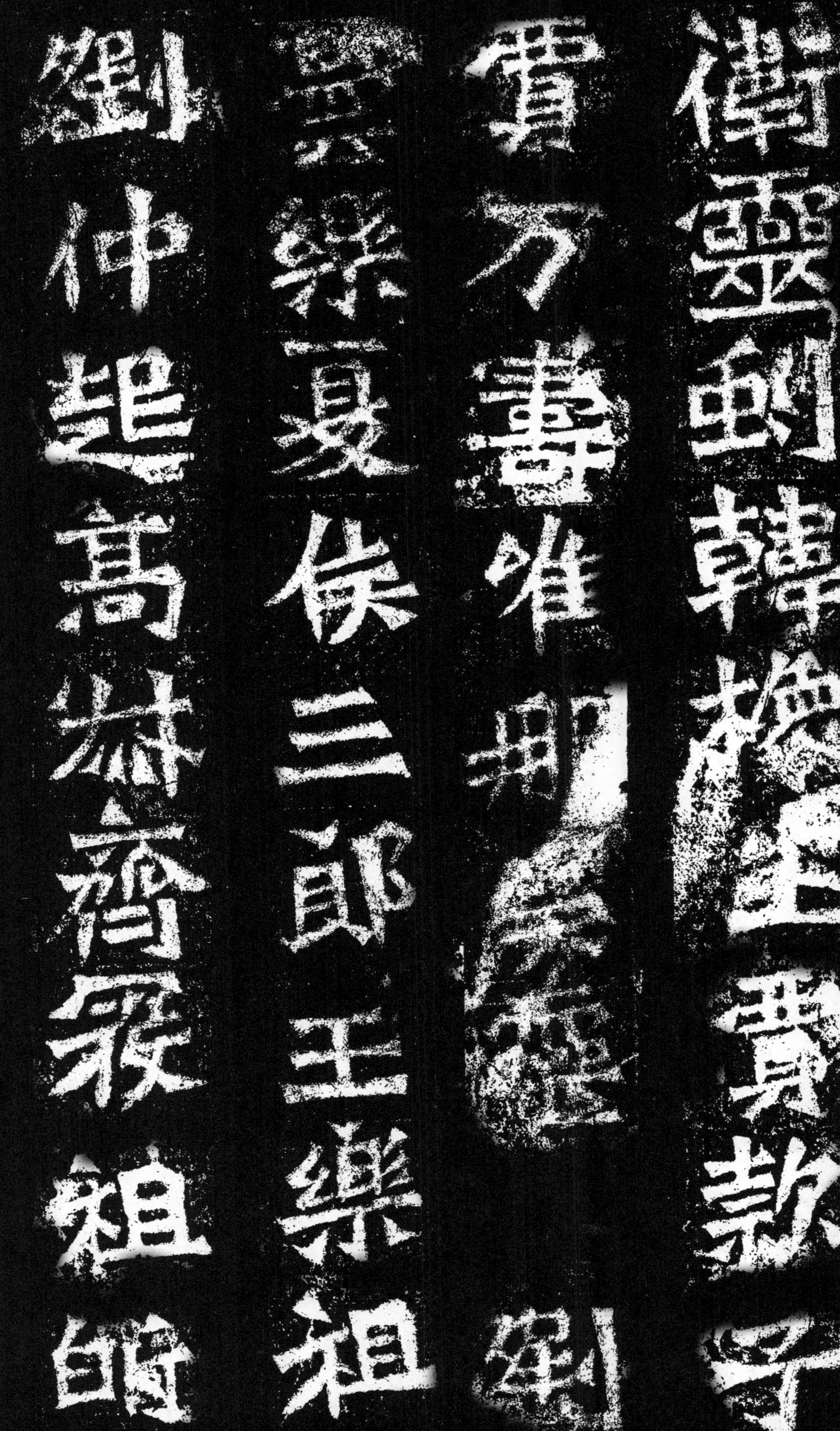

卫灵虬韩椽生贾款子
贾万寿唯那吴灵□刘
昙乐夏侯三郎王乐祖
刘仲起高叔齐冠祖昕

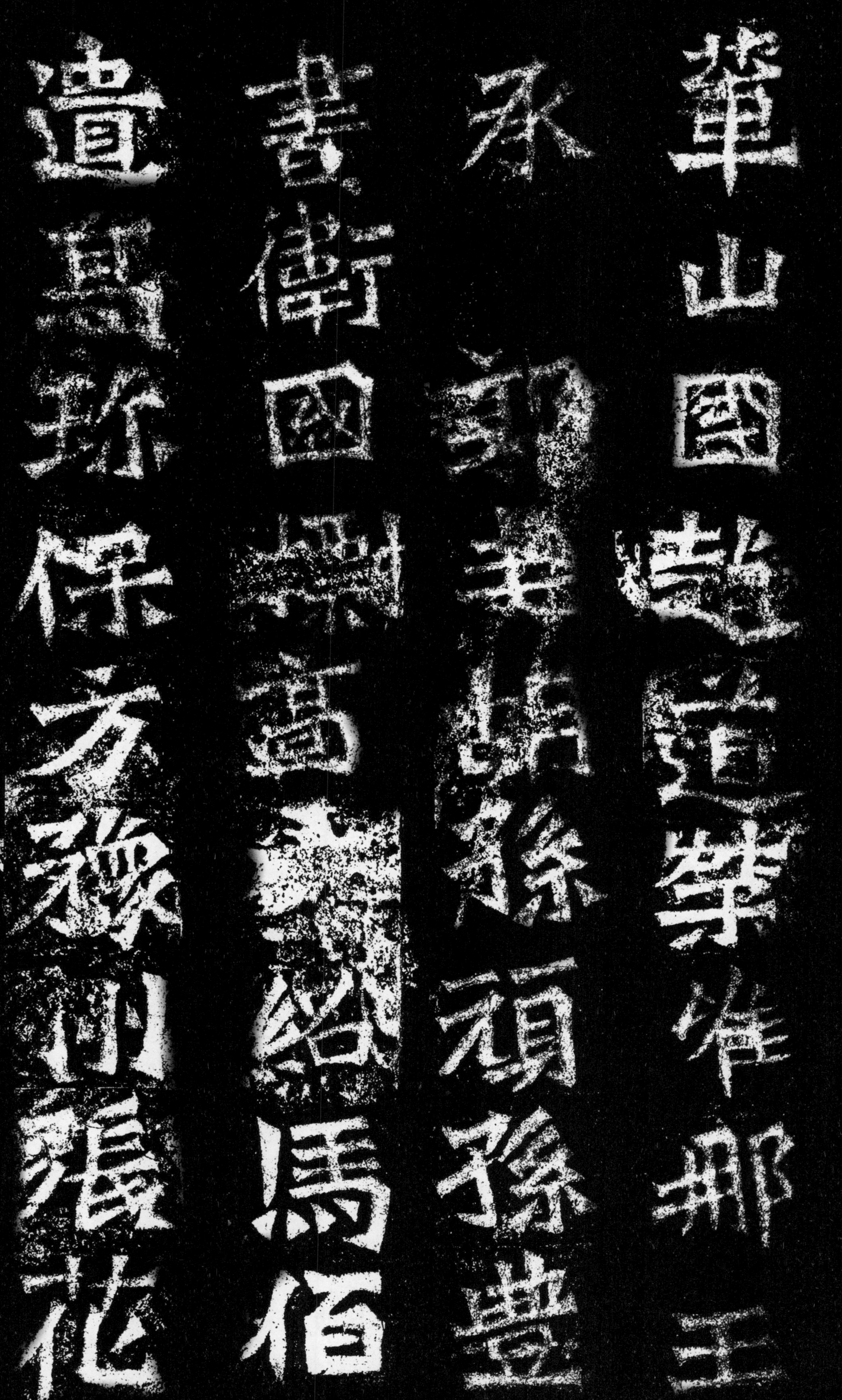

辇山国赵道荣唯那王
承□郭毛胡孙顽孙丰
书卫国标高文绍马伯
遗高珍保方豫州张花

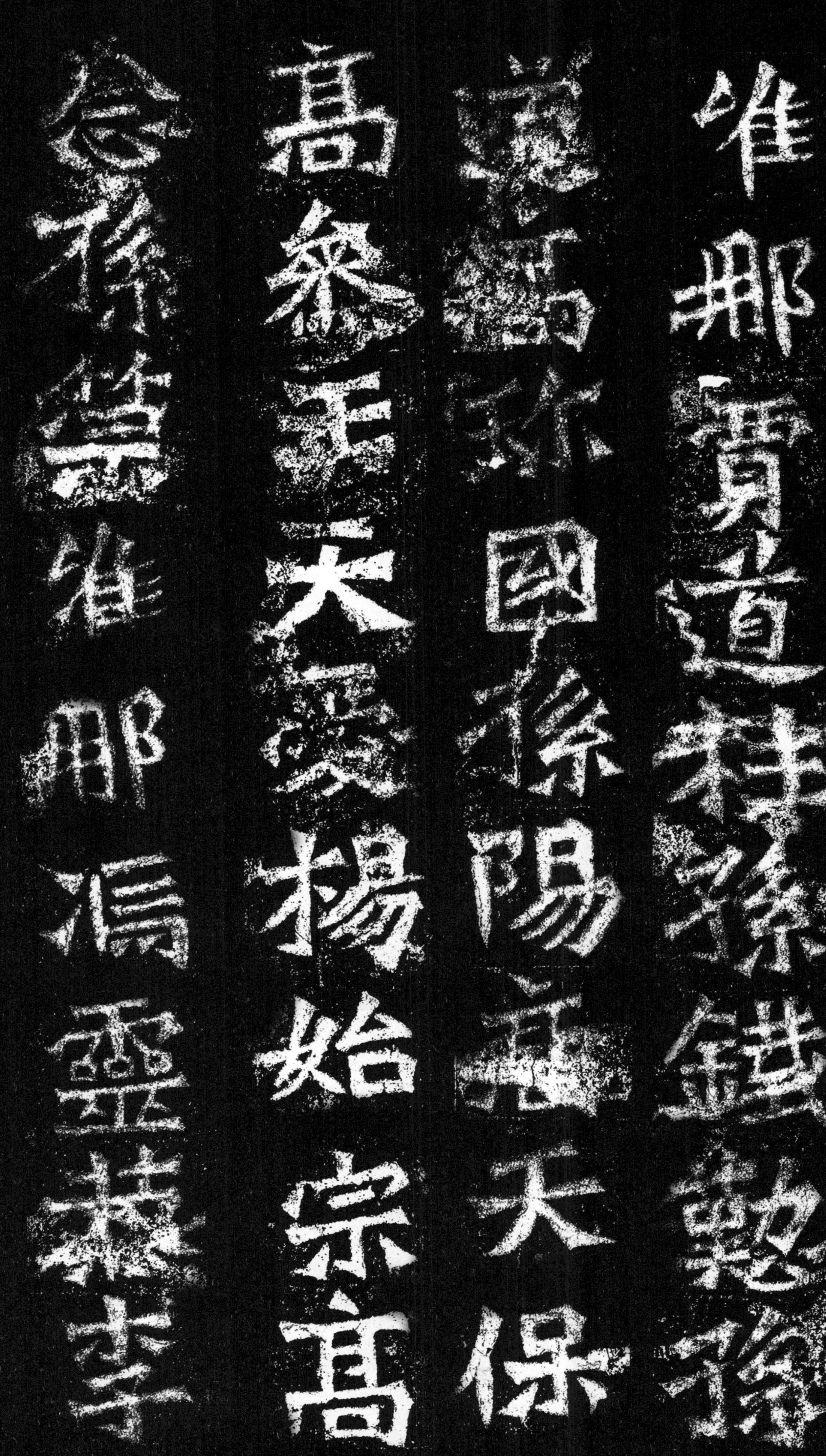

唯那贾道柱孙铁勤孙
道高珍国孙阳高天保
高参王天爱杨始宗高
念孙策唯那冯灵恭李

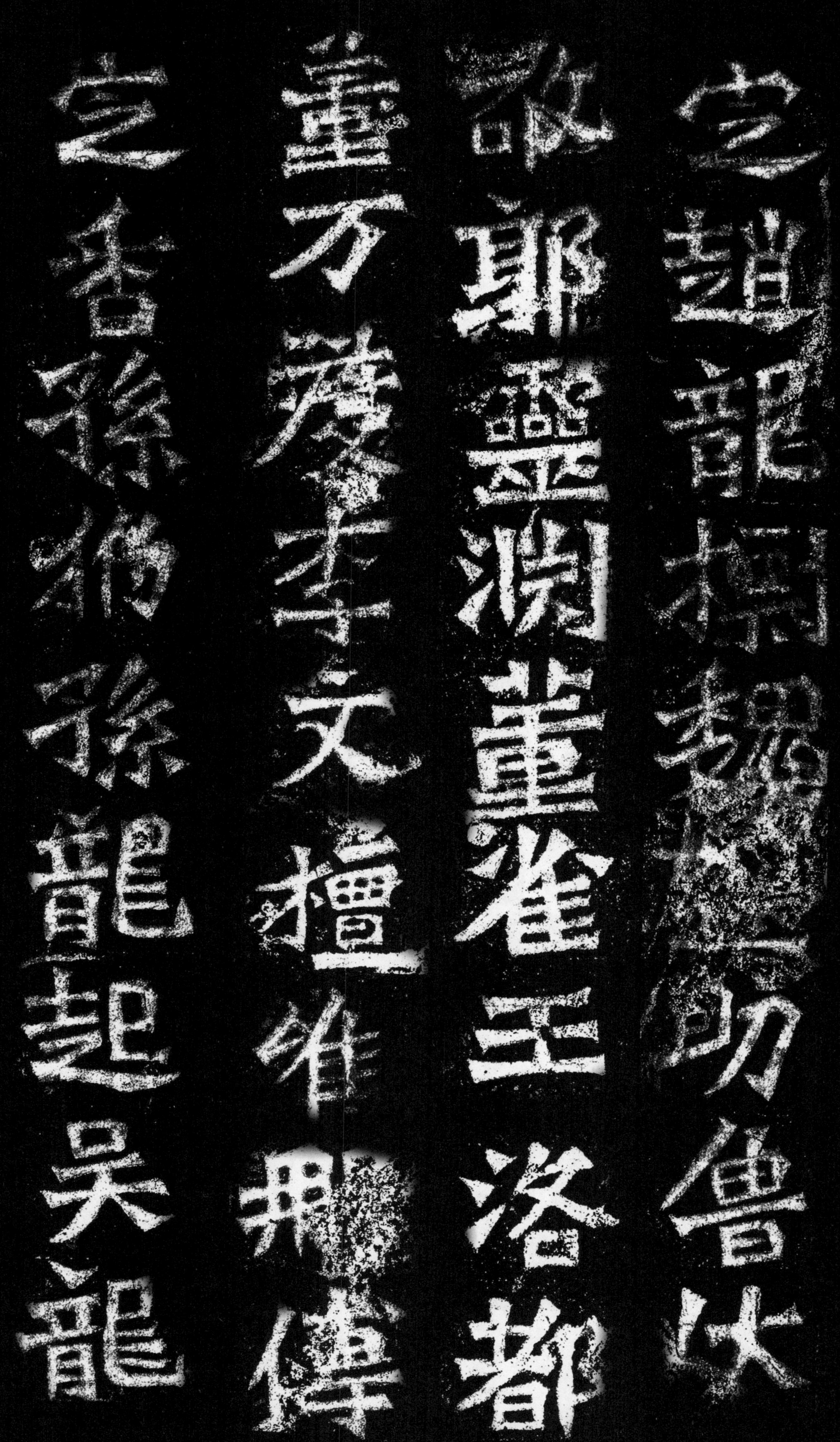

定赵龙标魏灵助鲁伏
敬郭灵渊董雀王洛都
董万度李文檀唯那傅
定香孙豹孙龙起吴龙

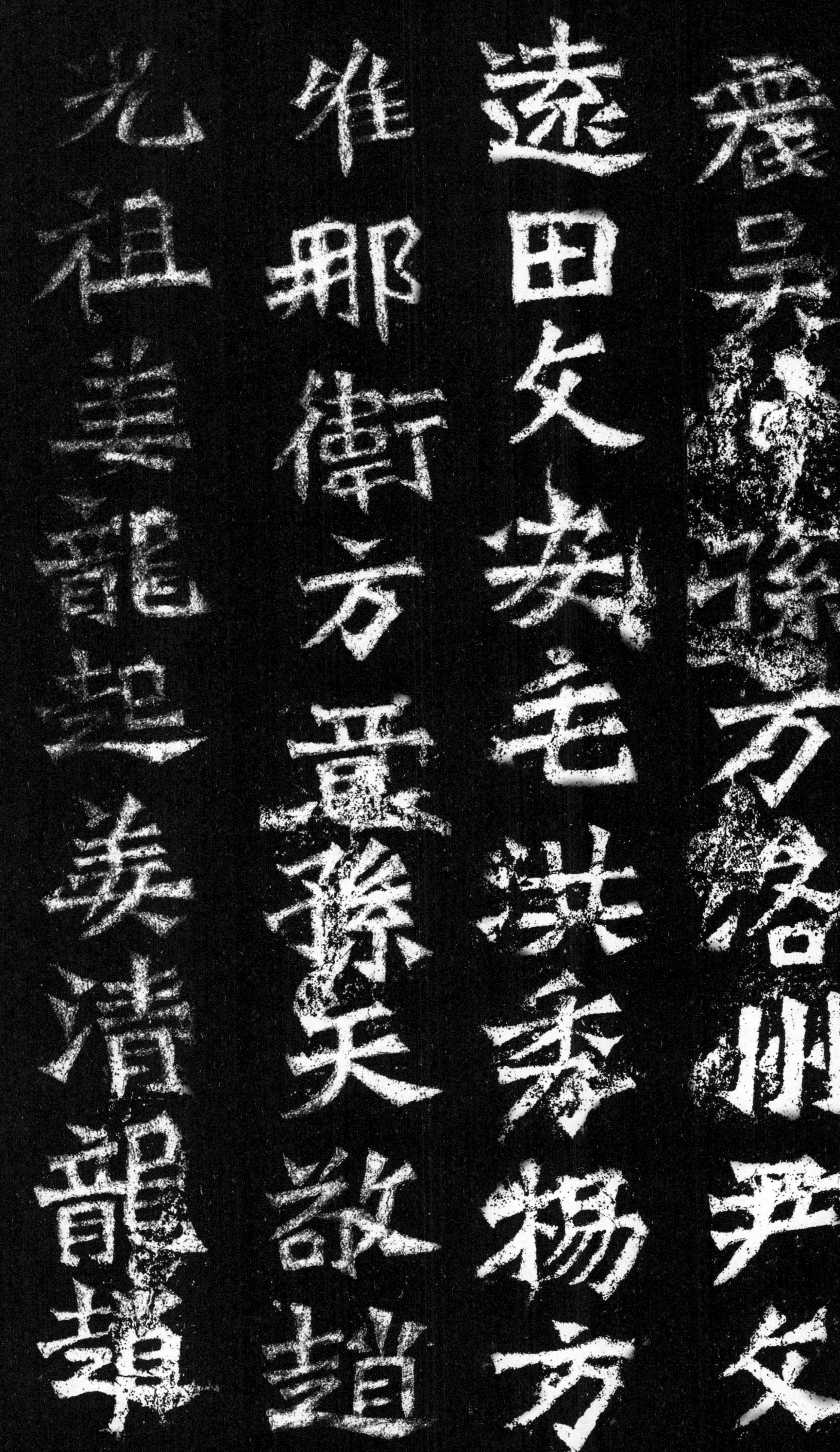

震吴[仲孙]方洛州尹文
远田文安毛洪秀杨方
唯那卫方意孙天敬赵
光祖姜龙起姜清龙赵

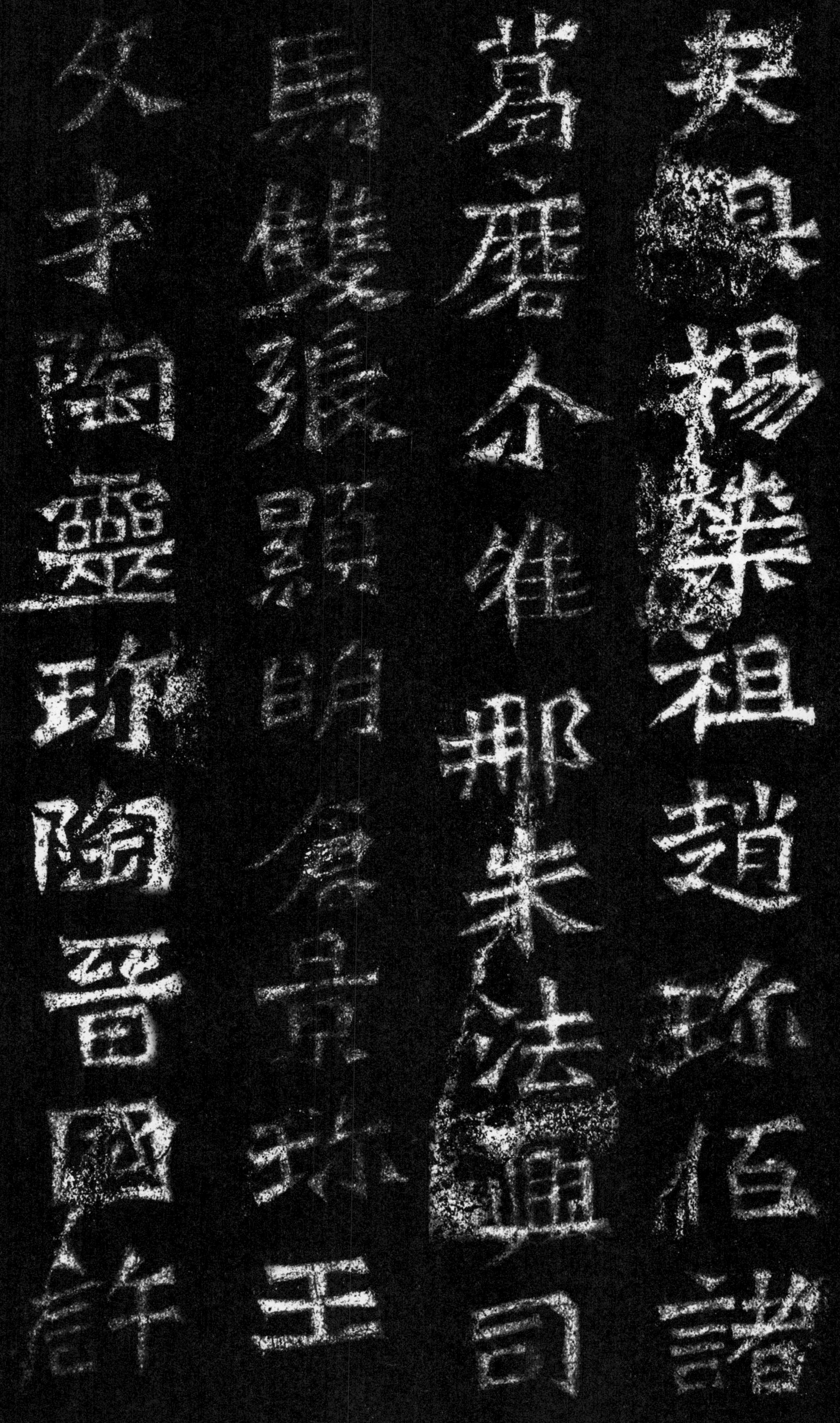

天俱杨荣祖赵珍伯诸
葛磨尔唯那朱法兴司
马双张显明仓景珍王
文才陶灵珍陶晋国许

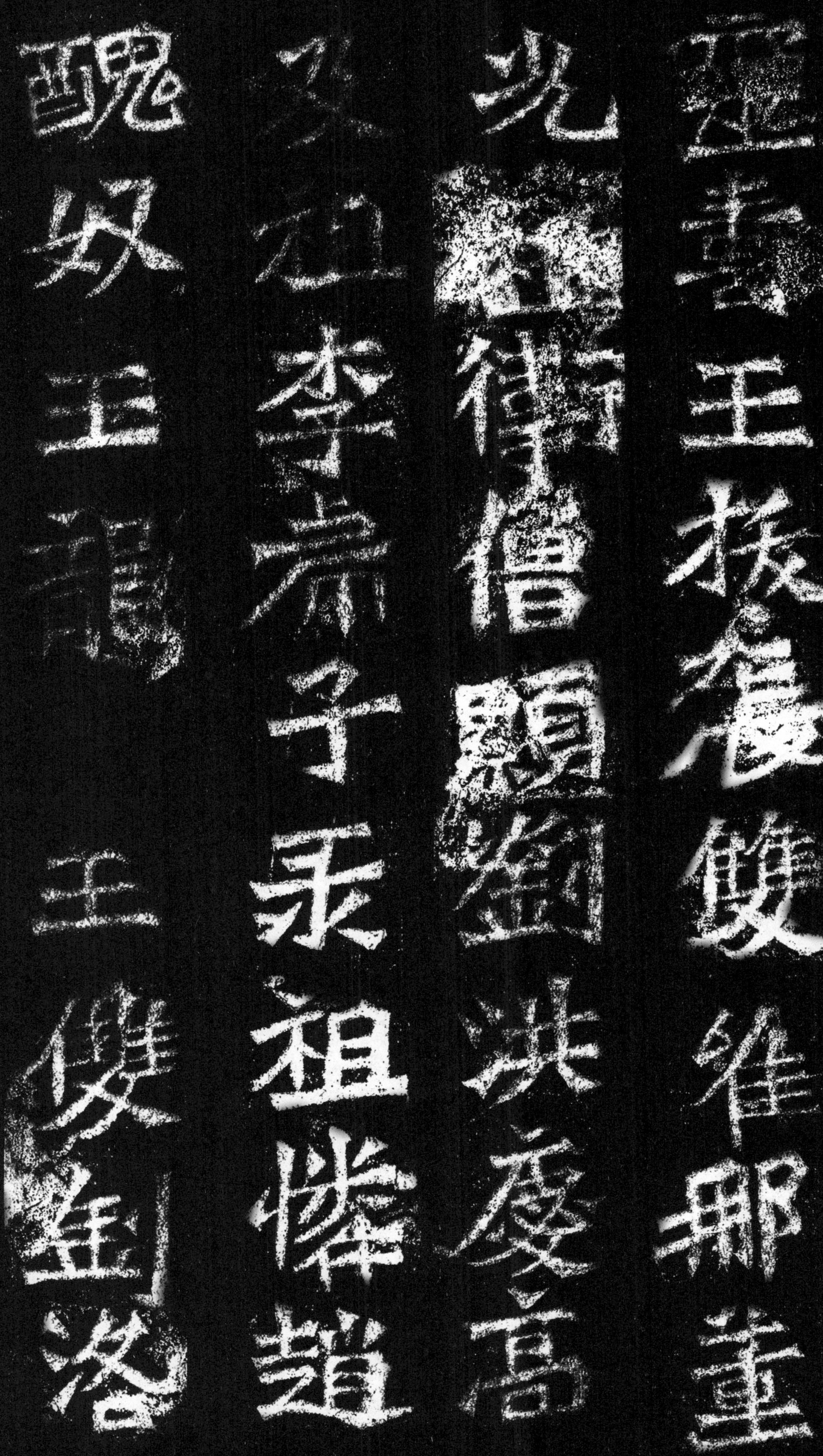

灵寿王拔张双唯那董
光祖卫僧显刘洪庆高
及祖李虎子录祖怜赵
丑奴王龙起王双刘洛

唯那孙㑩伯孙寿之孙
石荷道成杜万岁赵祖
欢宋小才张万度刘道
义宋俱唯那朱安盛上

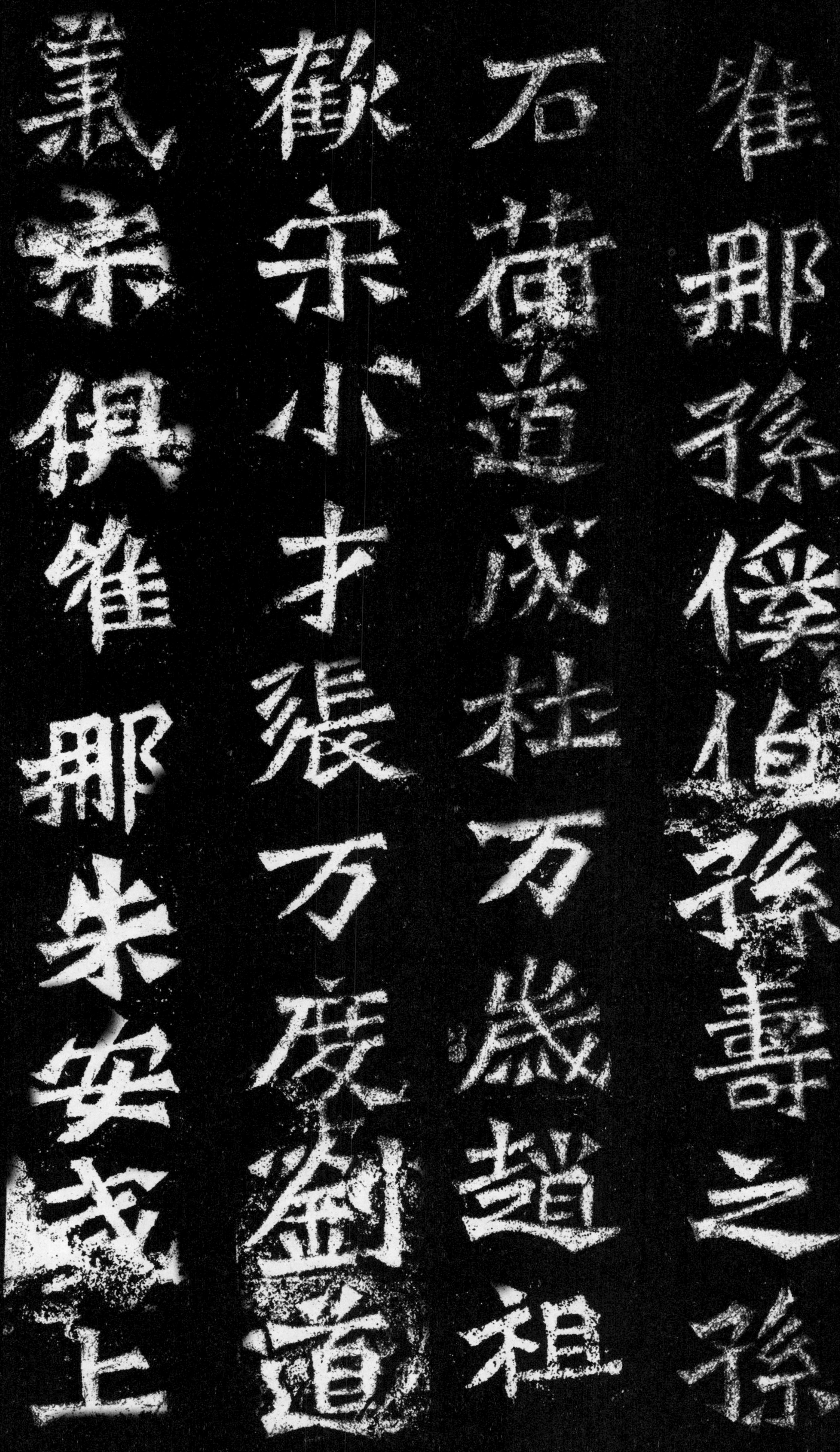

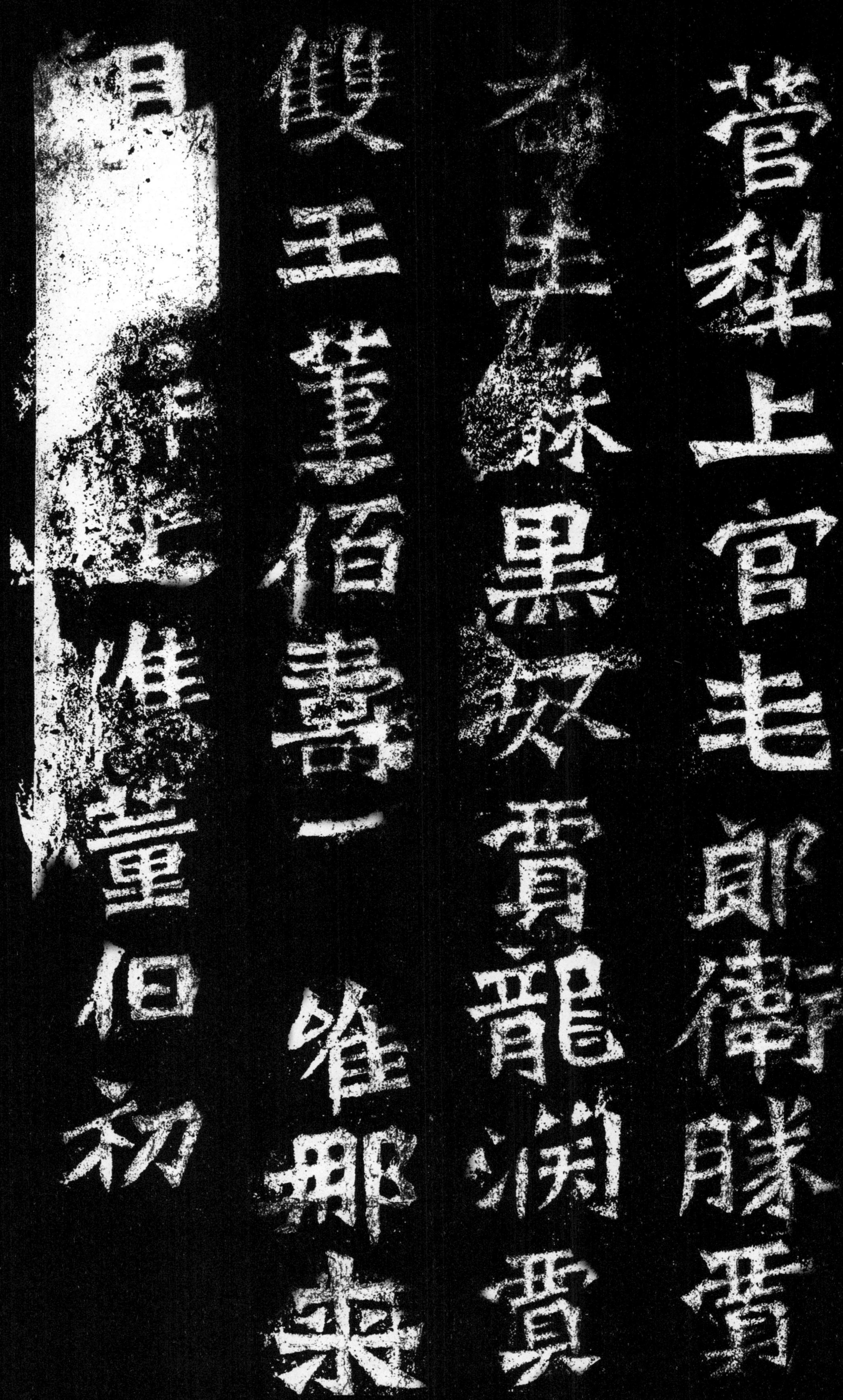

菅（官）犁上官毛郎卫胜贾
苟生麻黑奴贾龙渊贾
双王董佰寿唯那来
祖香解廷俊董伯初

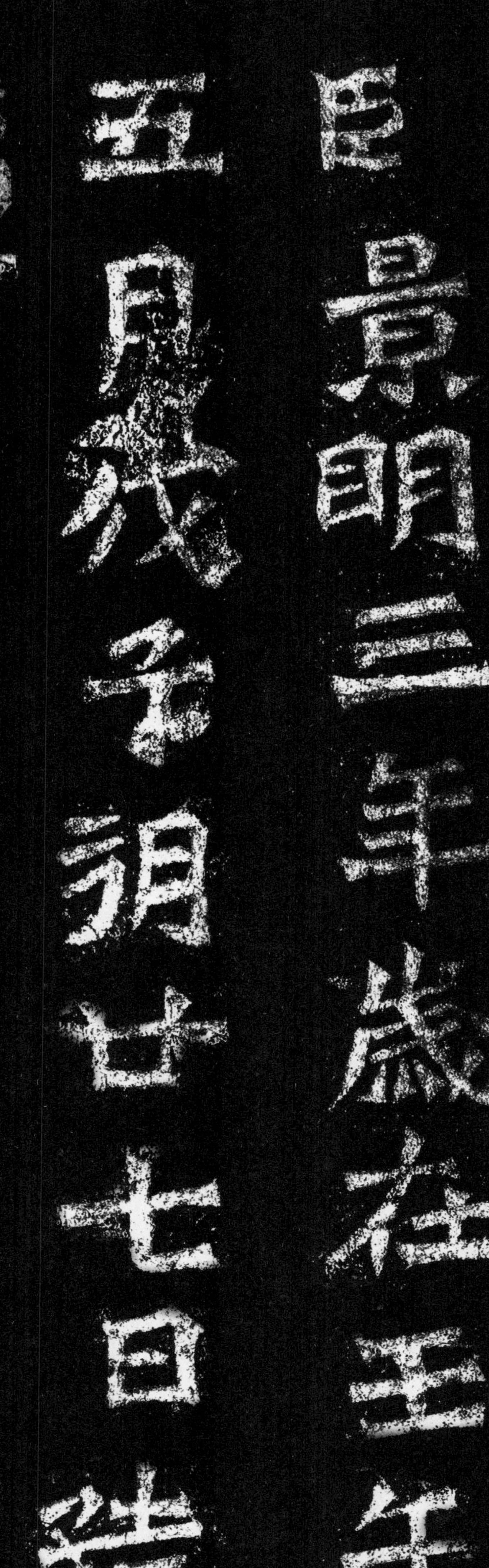

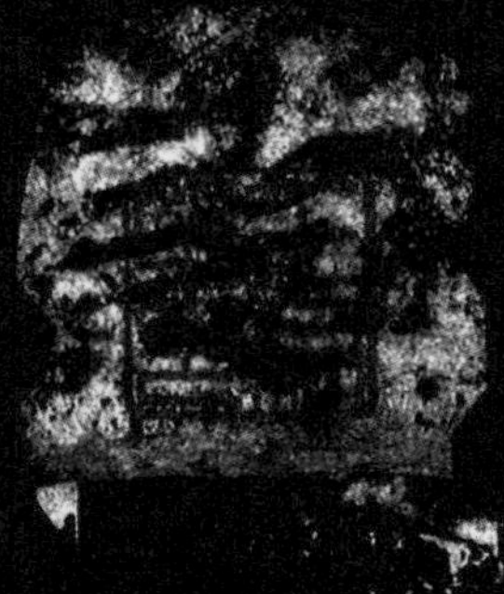

[讫] 臣景明三年岁在壬午五月戊子朔廿七日造

高树解佰都等造像记

景明三年五月卅

邑主高树唯那解佰

都卅二人等造石像

一区愿元世父母及现

世眷属来身神腾九

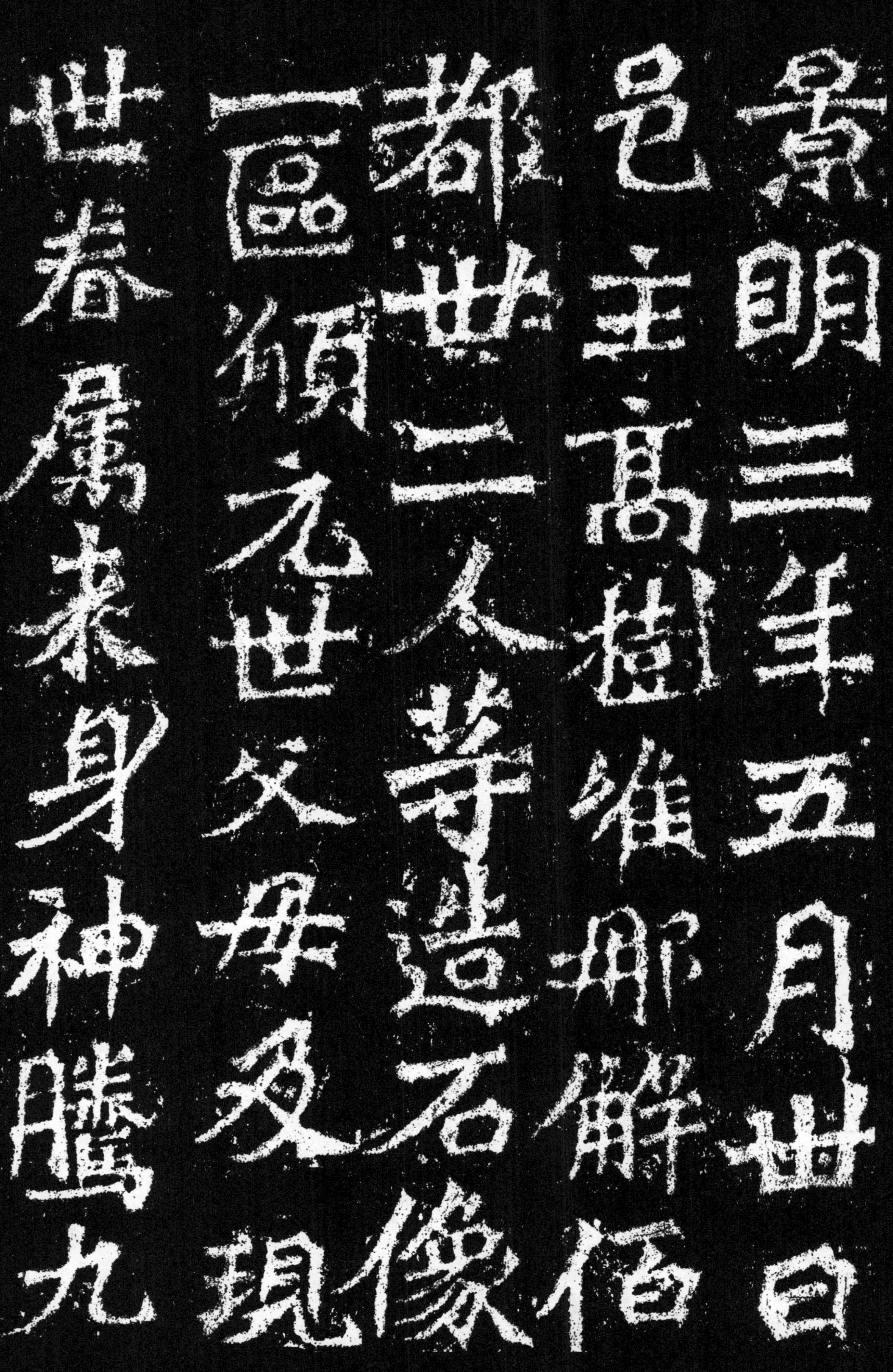

空迹登十地三有同
愿高买奴高恶子
王僧宝夏侯林宗高
留祖魏洪度高乞德
高文成左芝高安都

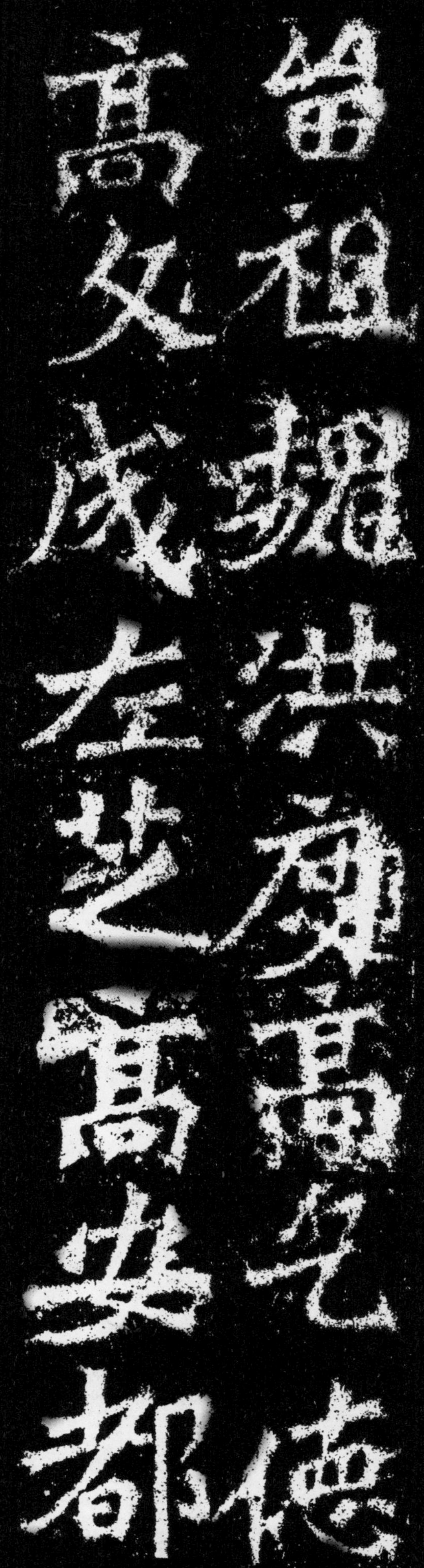

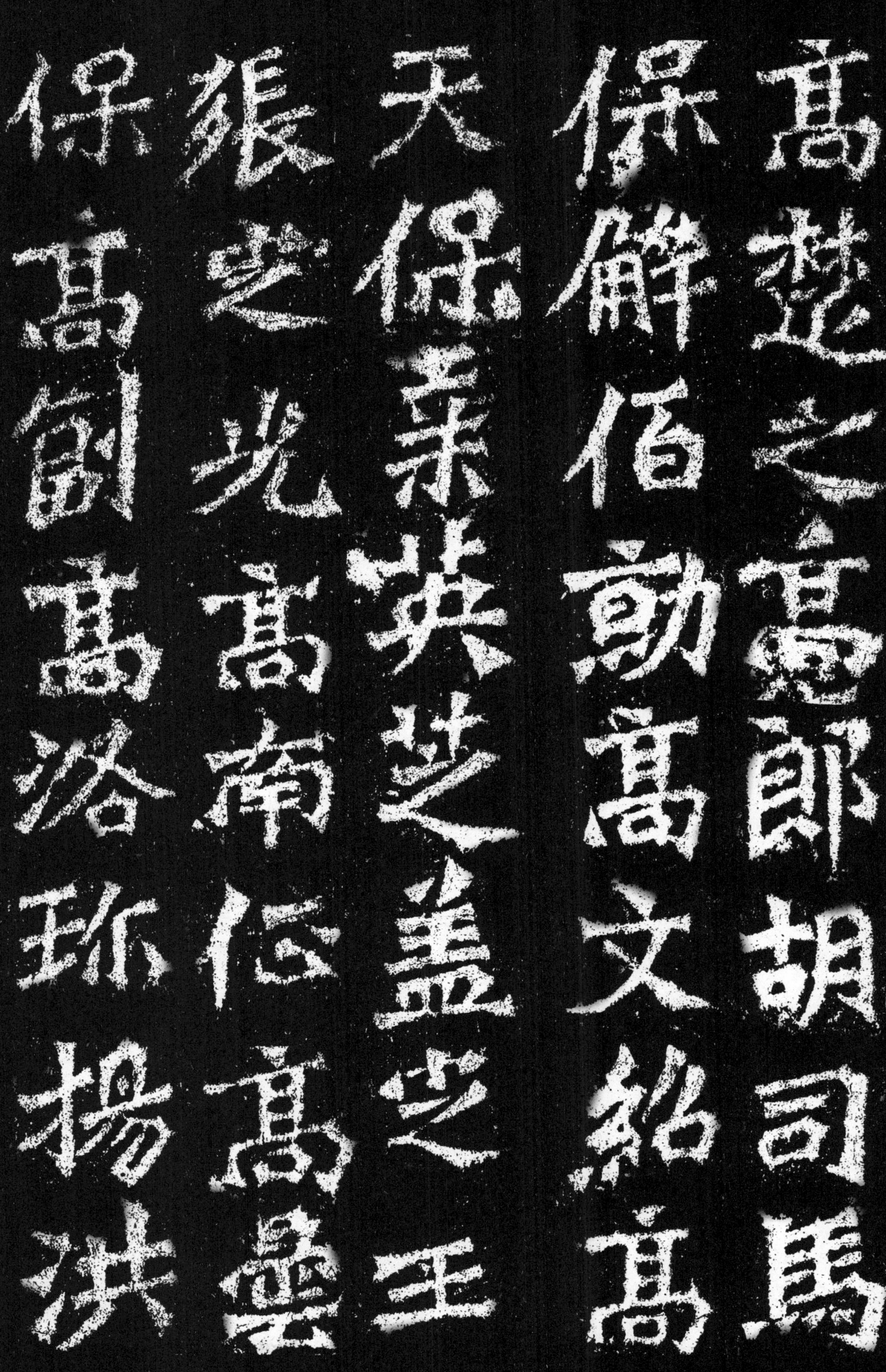

高楚之高郎胡司马
保解伯勍高文绍高
天保辛英芝盖定王
张定光高南征高昙
保高副高洛珍杨洪

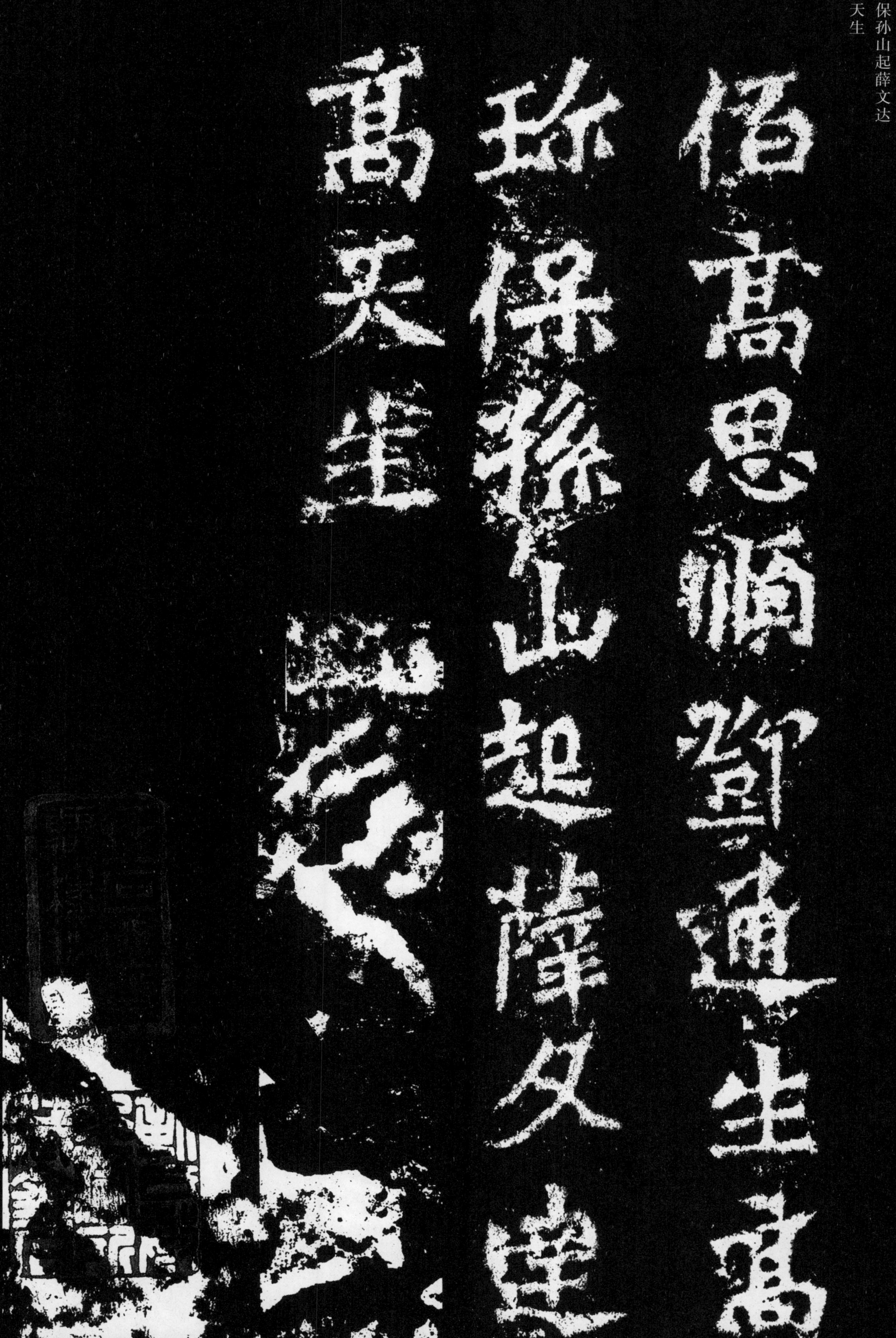

佰高思顺邓通生高
珍保孙山起薛文达
高天生

比丘惠感造像记
景明三年五月卅日
比丘惠感为亡父母
敬造弥勒像一区愿
国祚永隆三宝弥

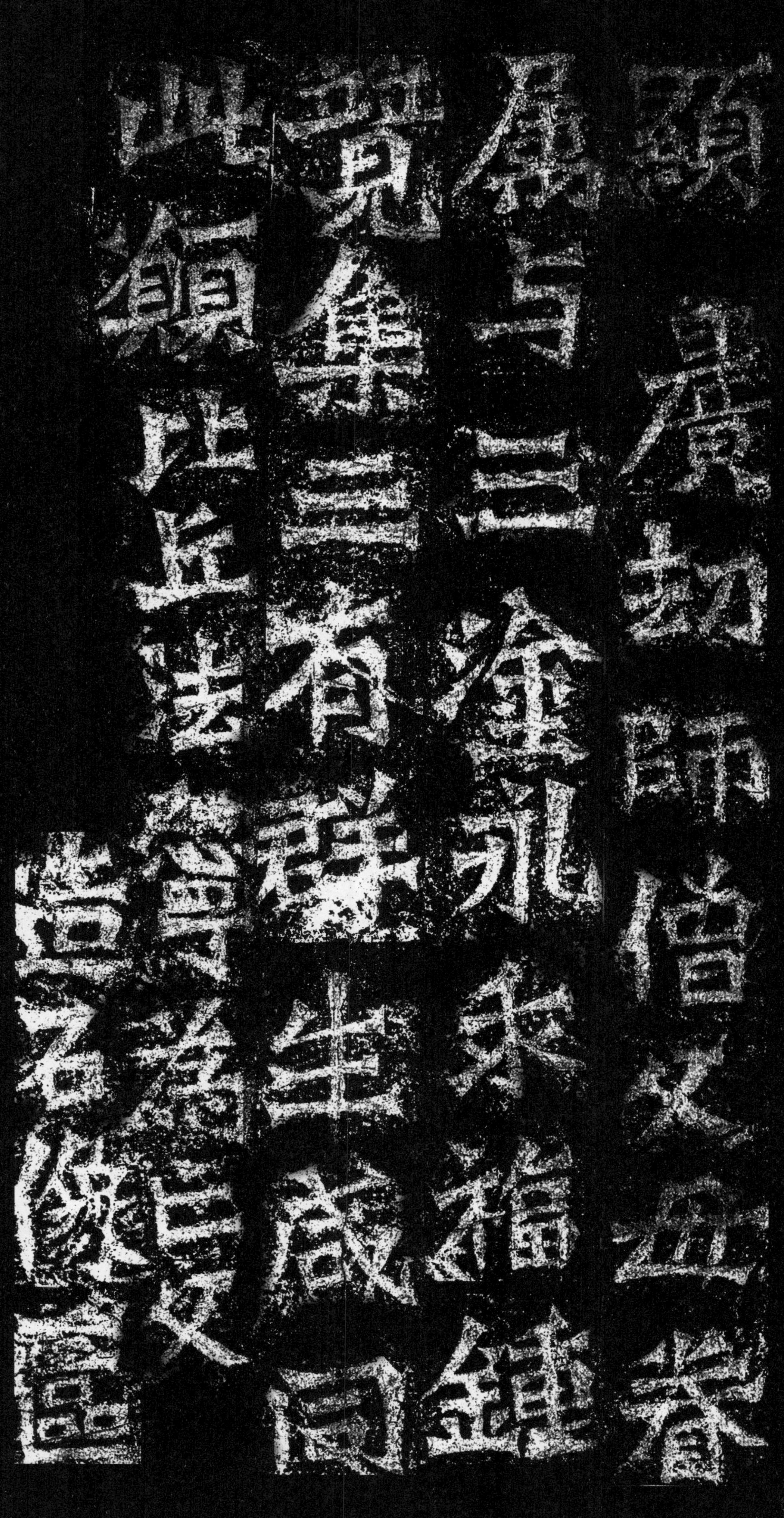

显旷劫师僧父母眷
属与三途永乖福钟
竞集三有群生咸同
此愿比丘法□为□父
造不像□区

太妃侯为亡夫贺兰法造像记

景明三年

八月十八日广

川王祖母太

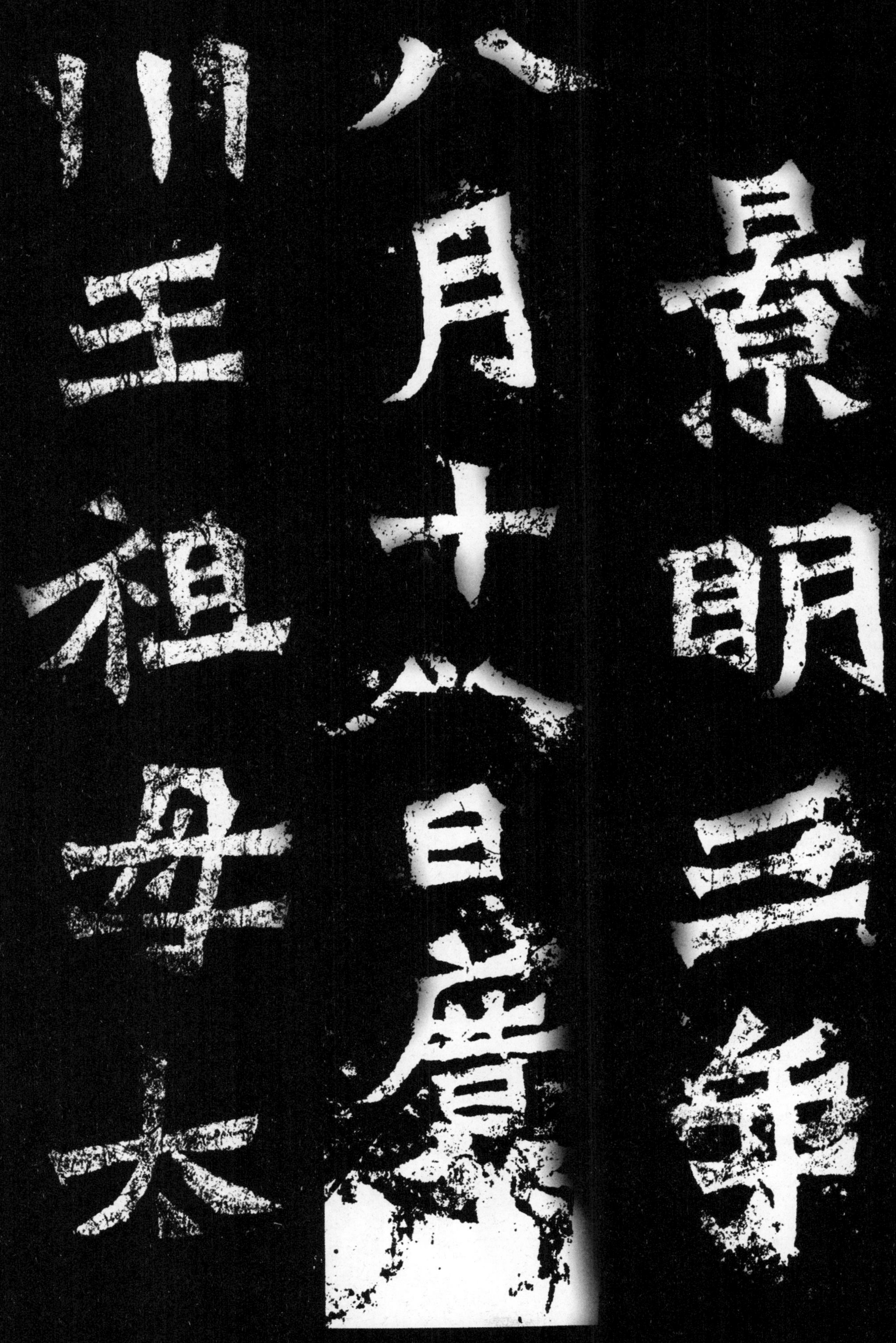

妃侯为亡夫
侍中使持节
征北大将军

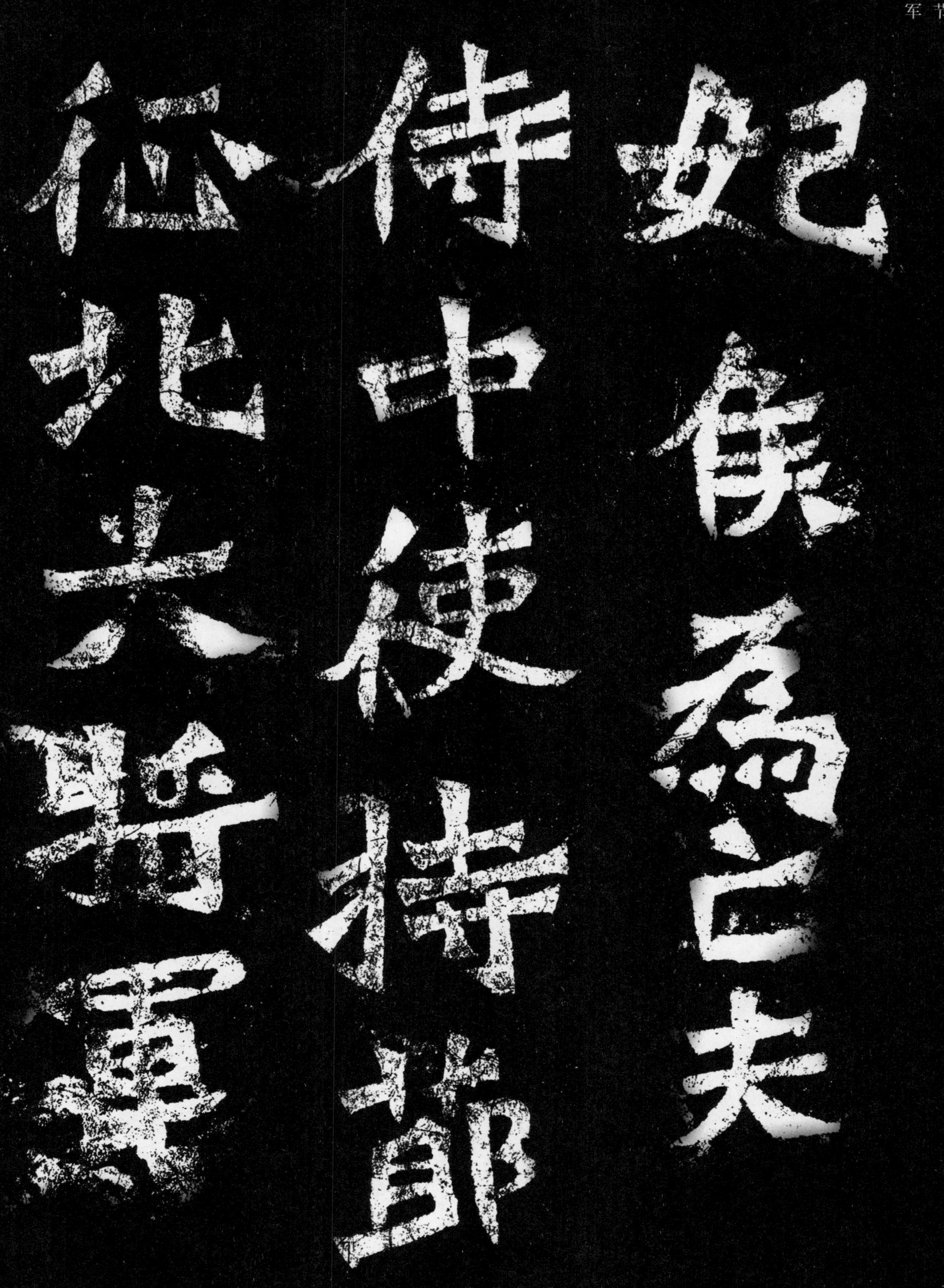

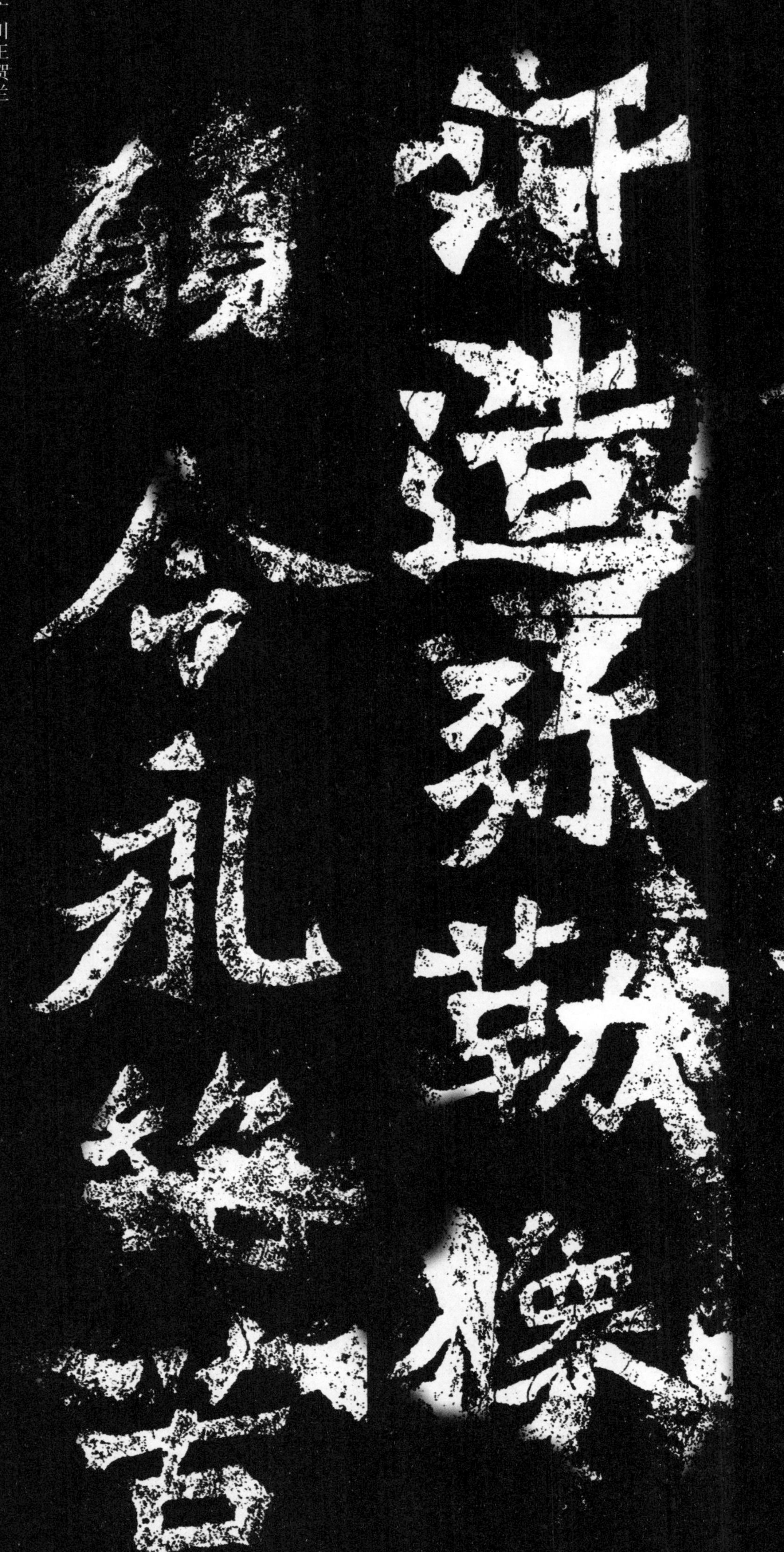

广川王贺兰汗造弥勒像
愿令永绝苦

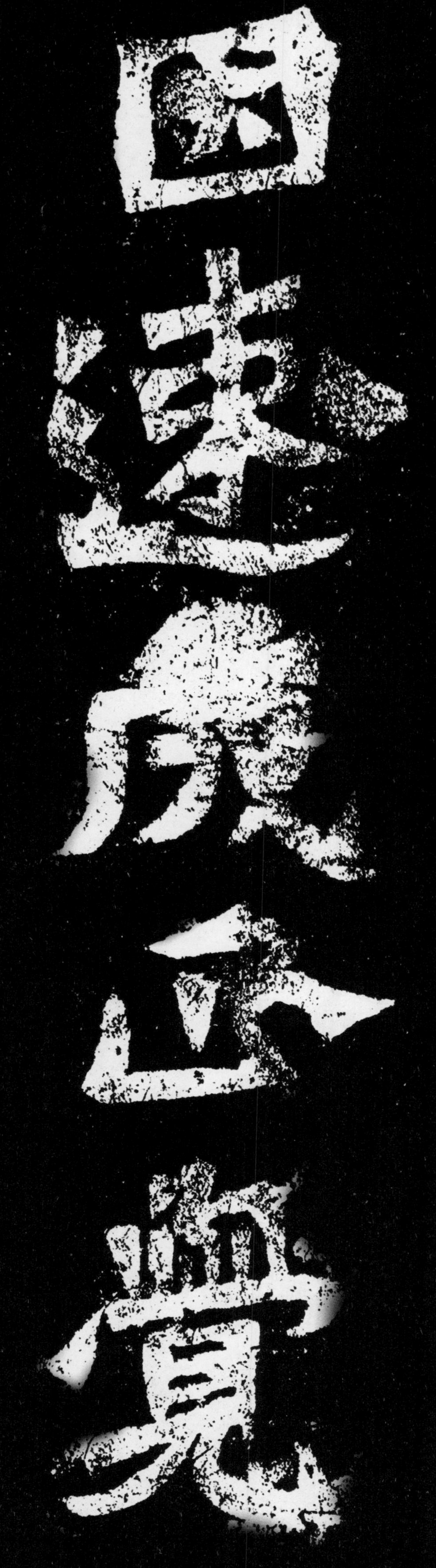

因速成正觉

马振拜等三十四人造像记

邑于像

景明四年八月

五日邑主马振

拜维那张子成

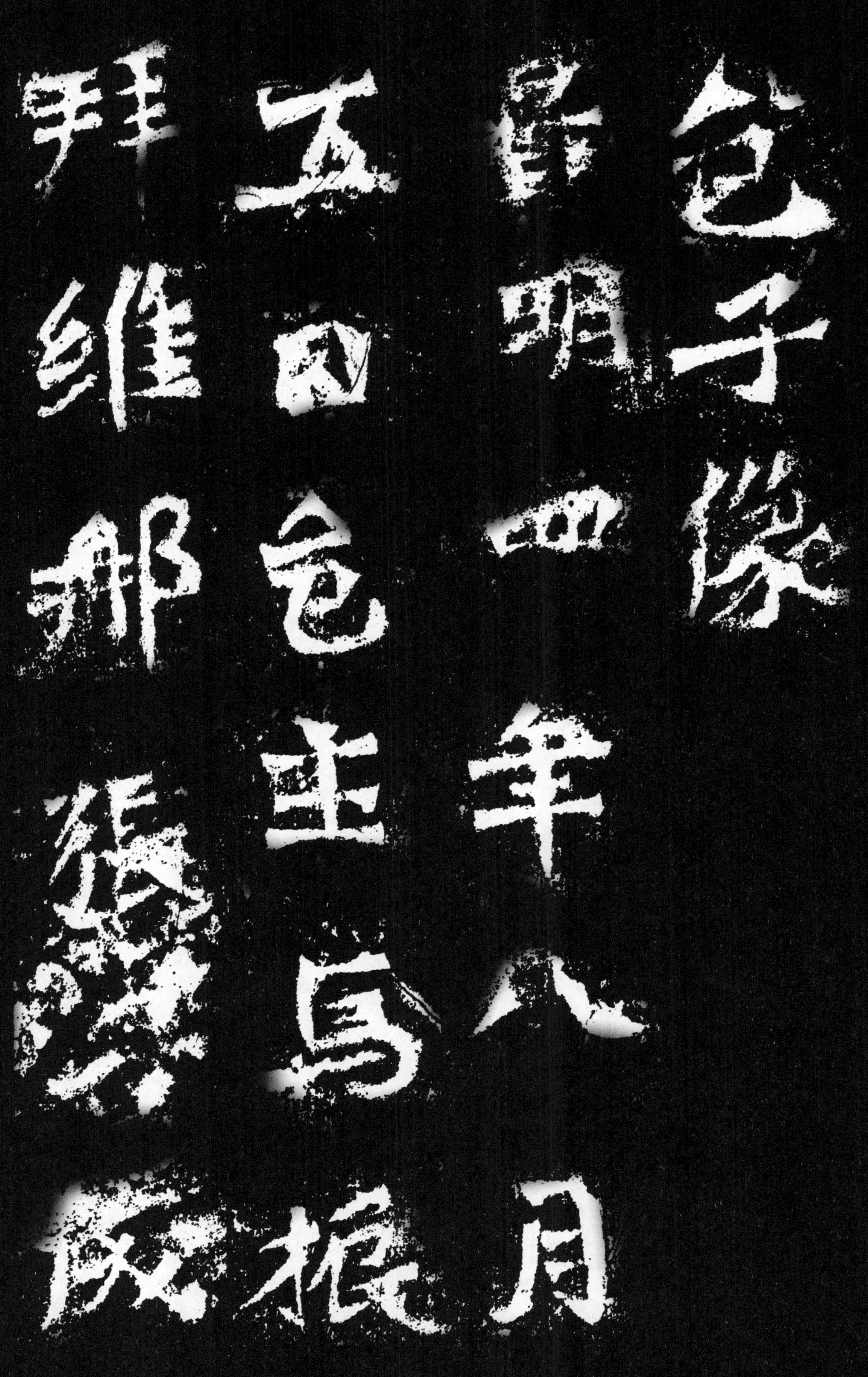

维那许兴族卅四人为皇帝造石像一区张引兴刘苟生陈野虎

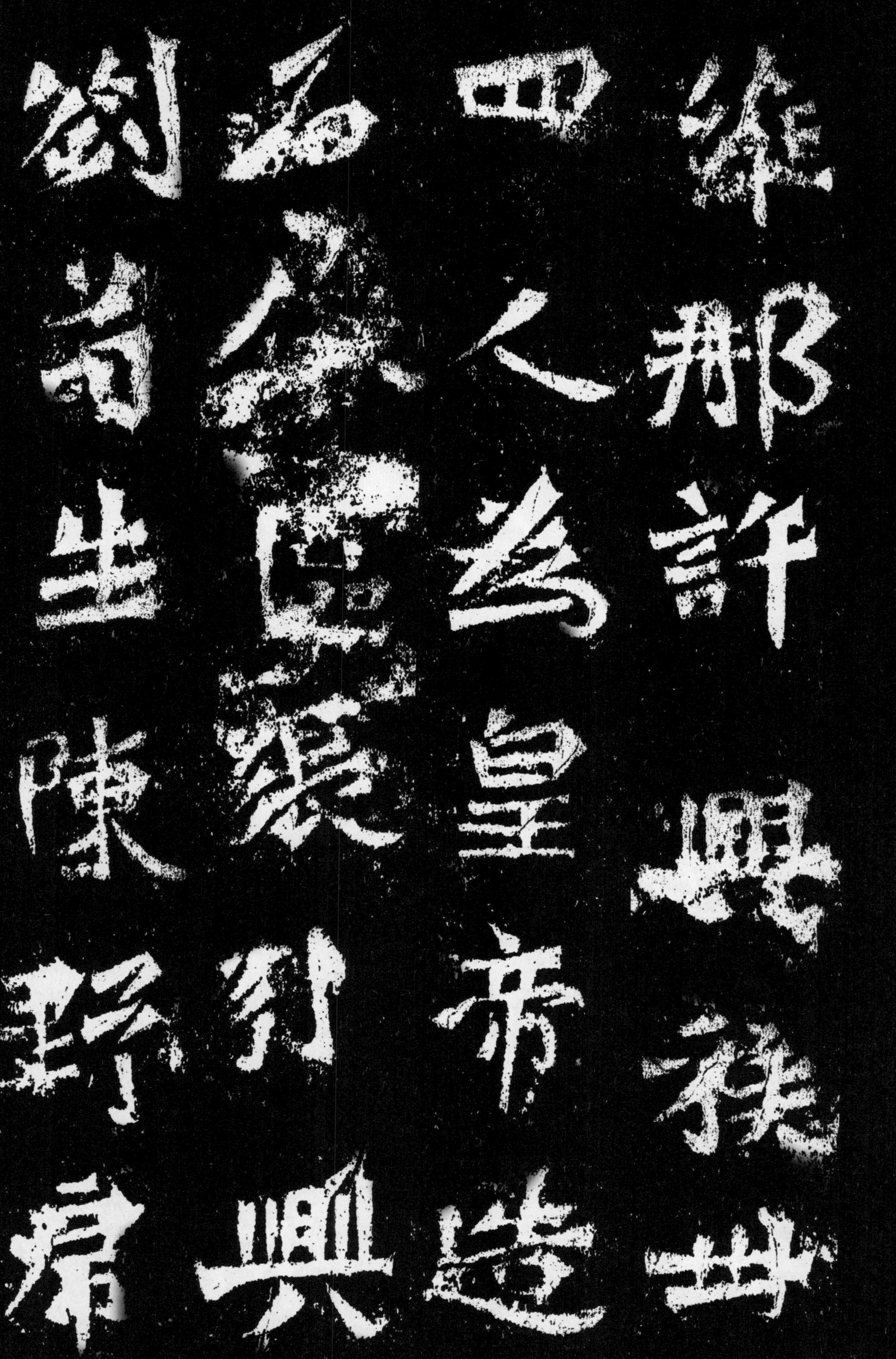

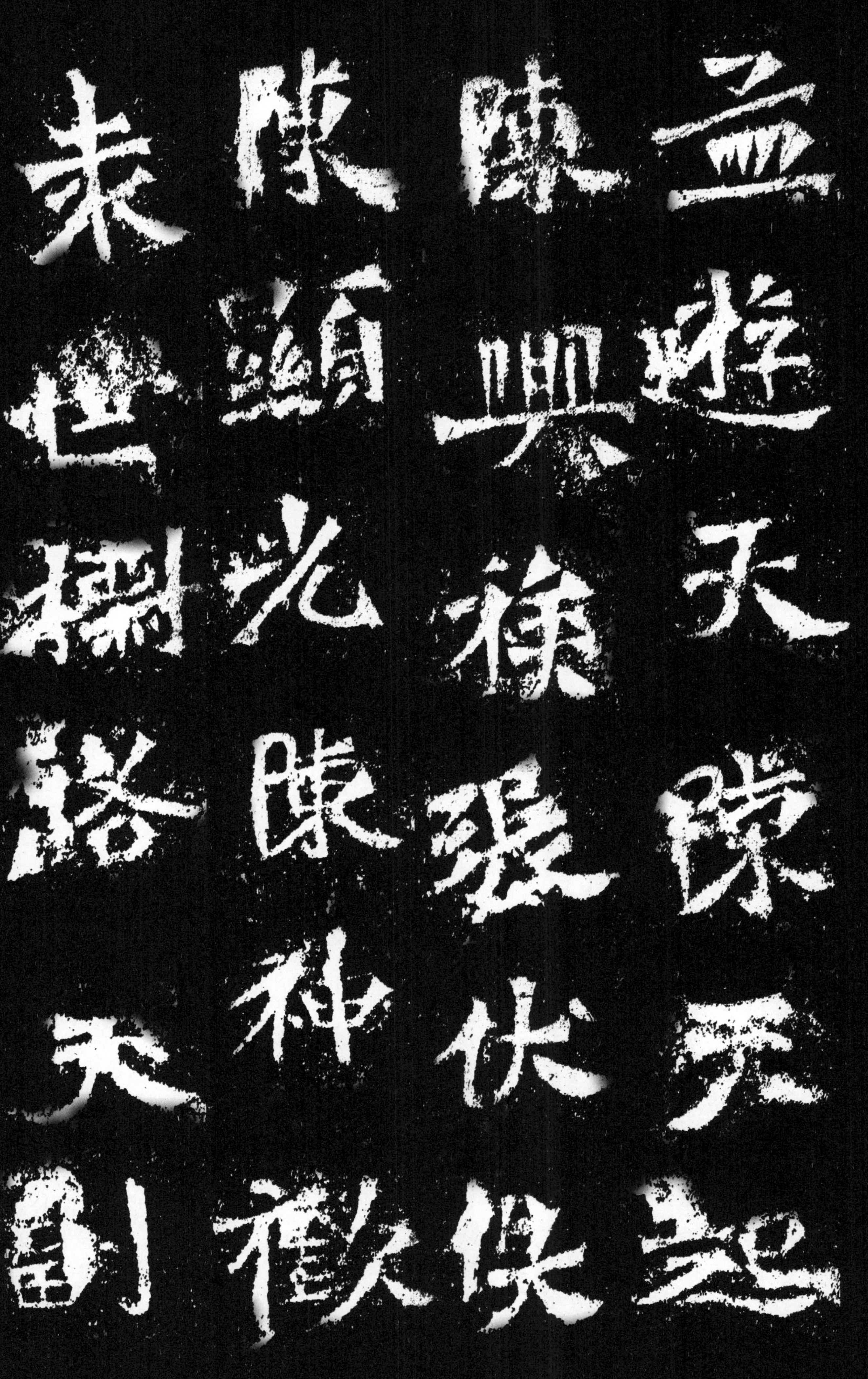

孟游天陈天起
陈兴族张伏俱
陈显光陈神欢
袁世标路天副

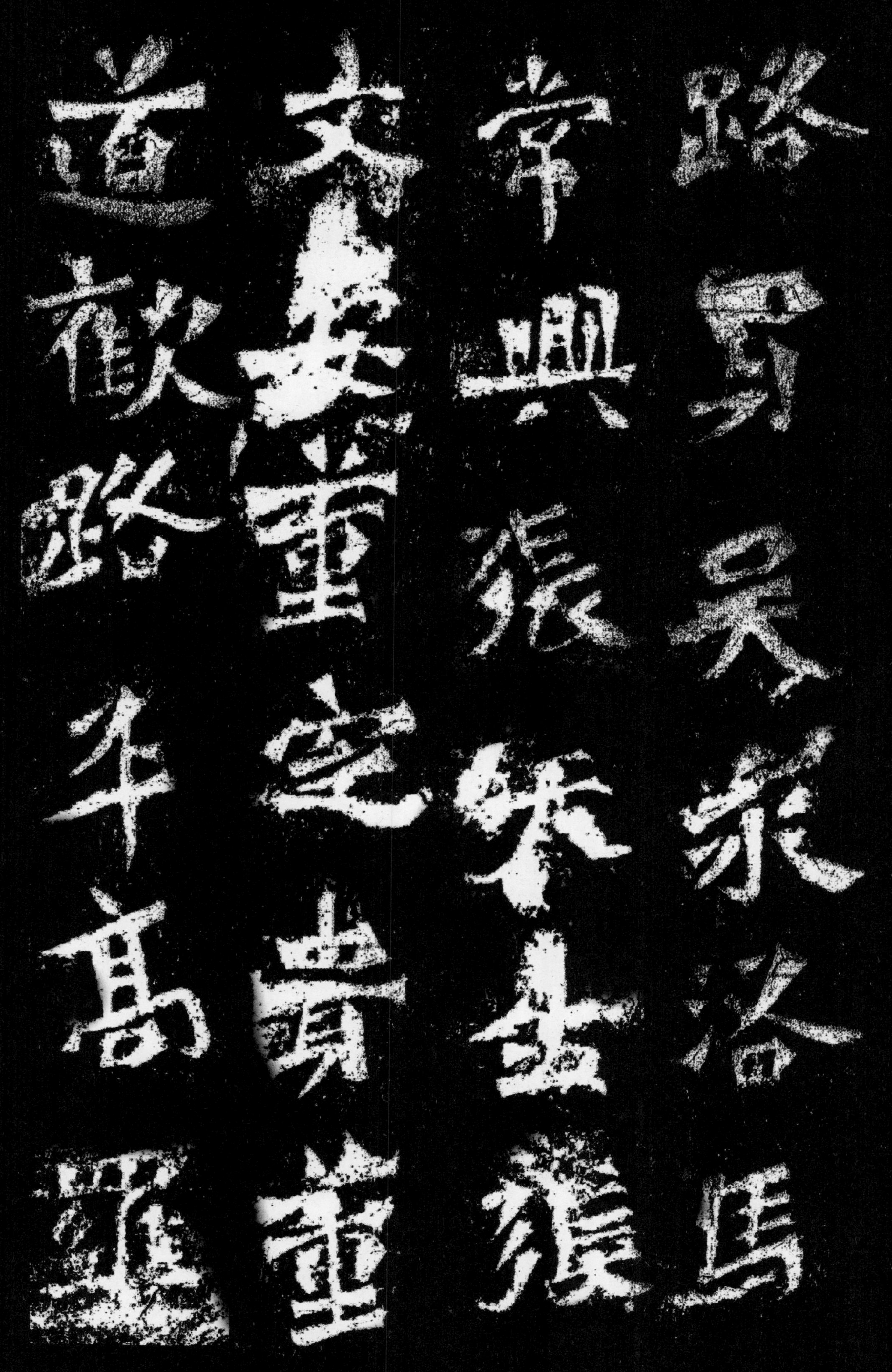

路买吴永洛马
常兴张天生张
文安董定贵董
道欢路平高罗

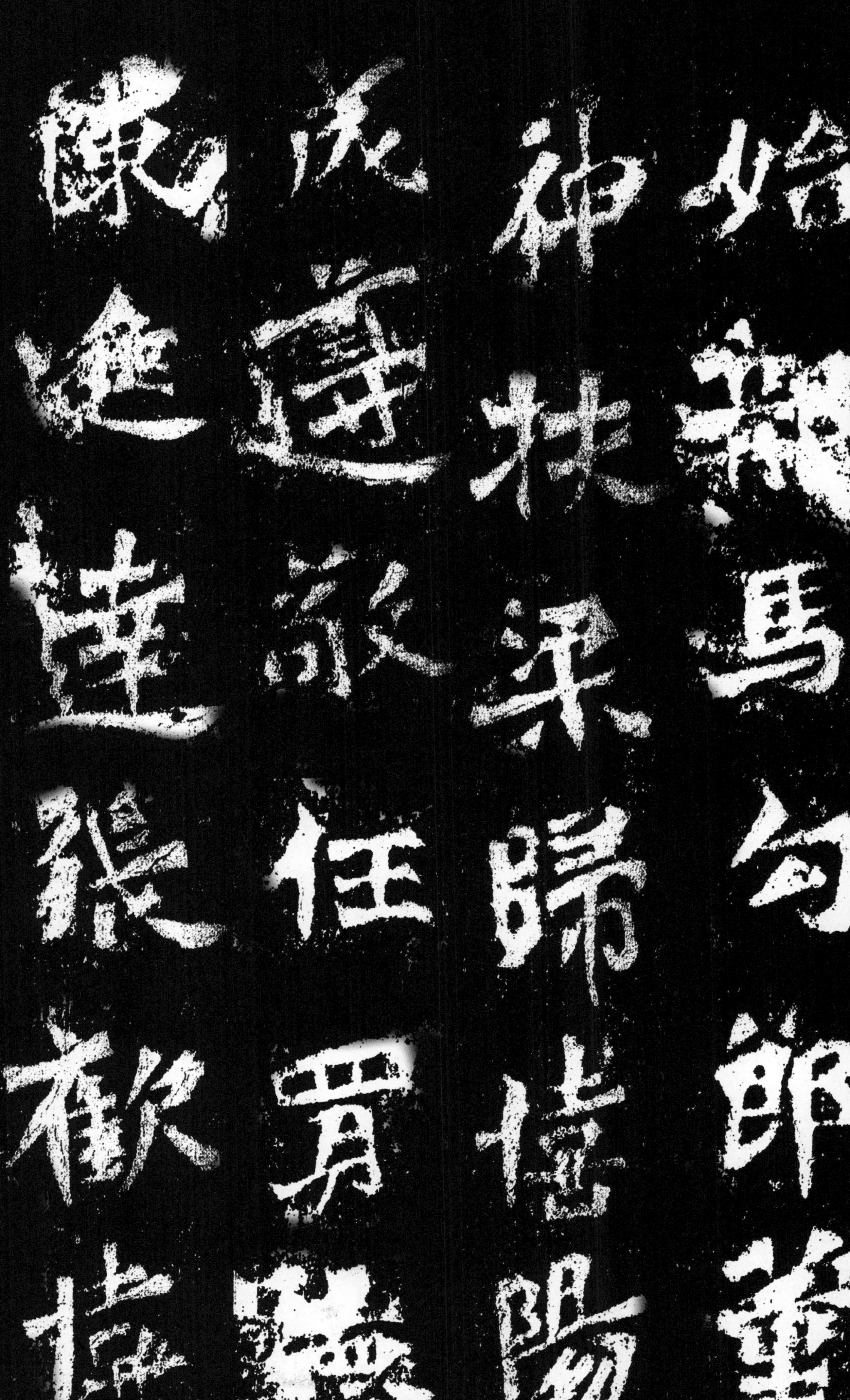

始龙马勾郎董
神扶梁归憘阳
成遵敬任买德
陈延达张欢憘

杨宗胜孟□□
董□□陈乐欢

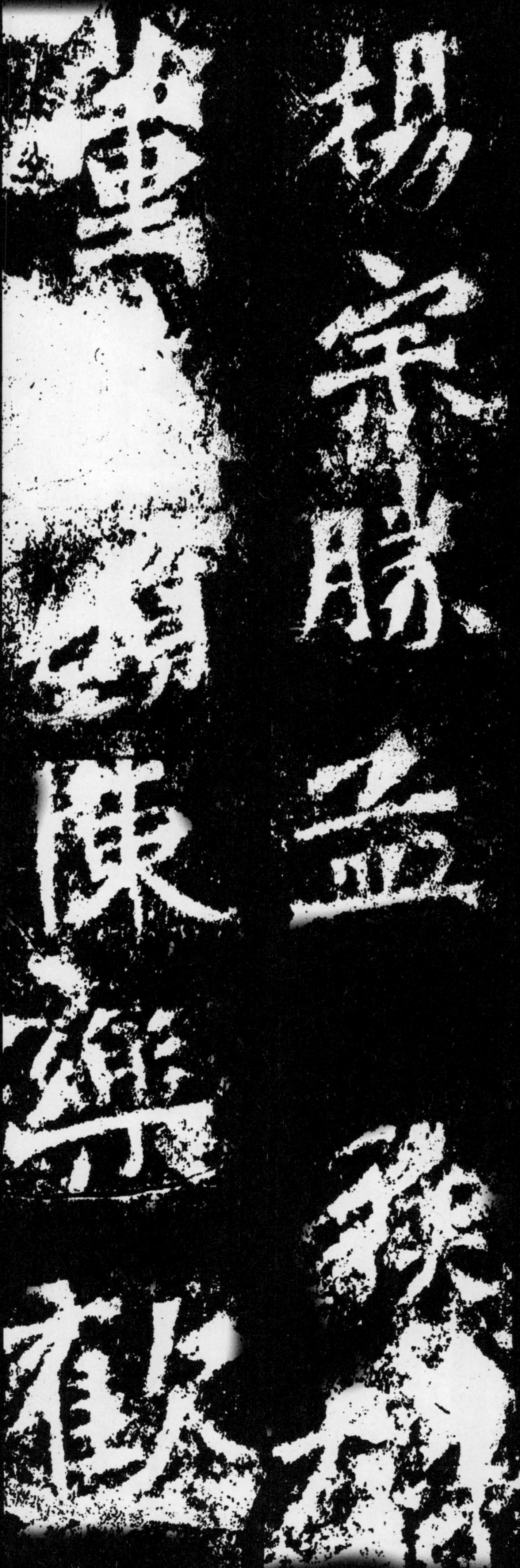

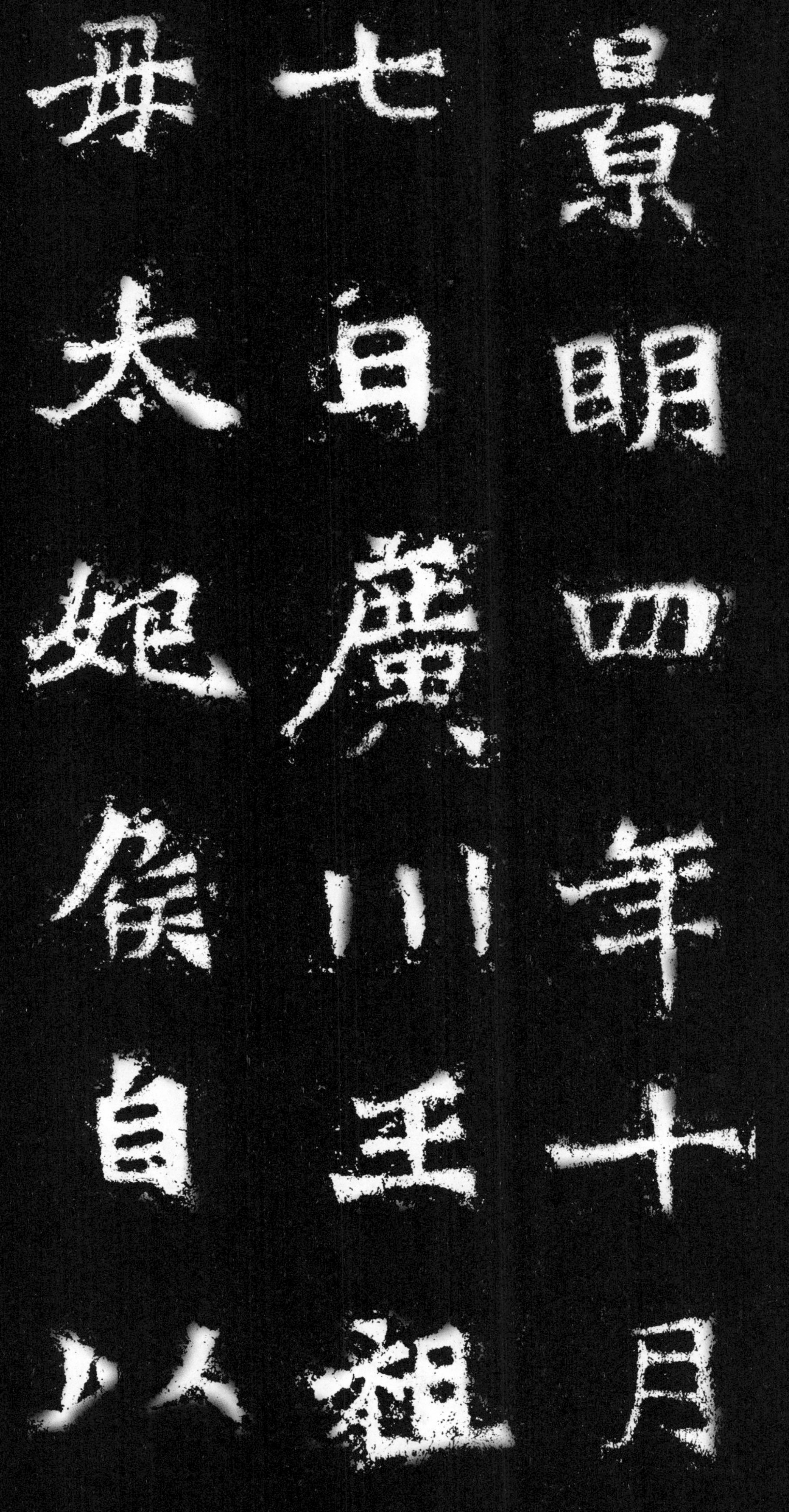

景明四年十月
七日广川王祖
母太妃候自以

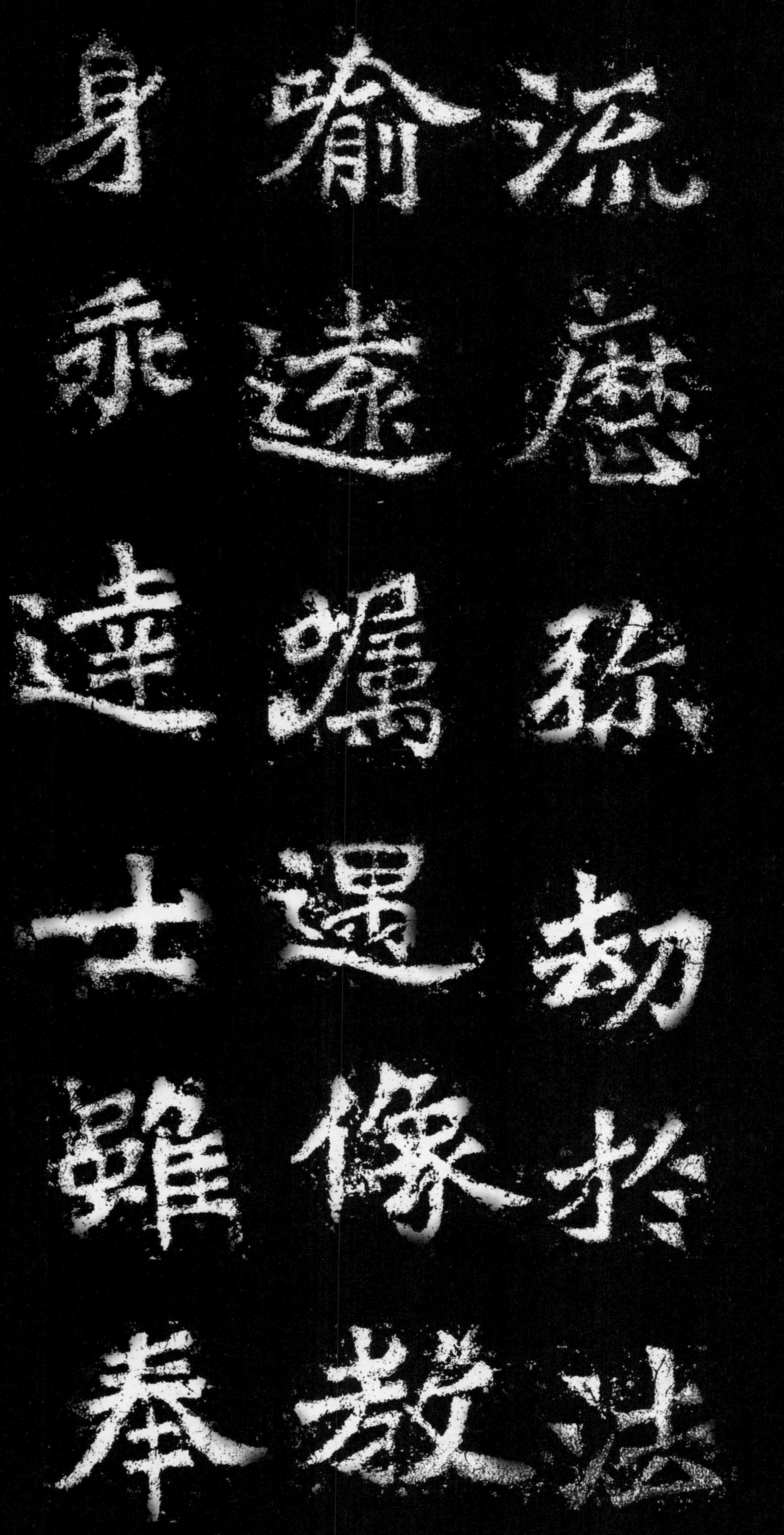

流历弥劫于法
喻远嘱遇像教
身乖达士虽奉

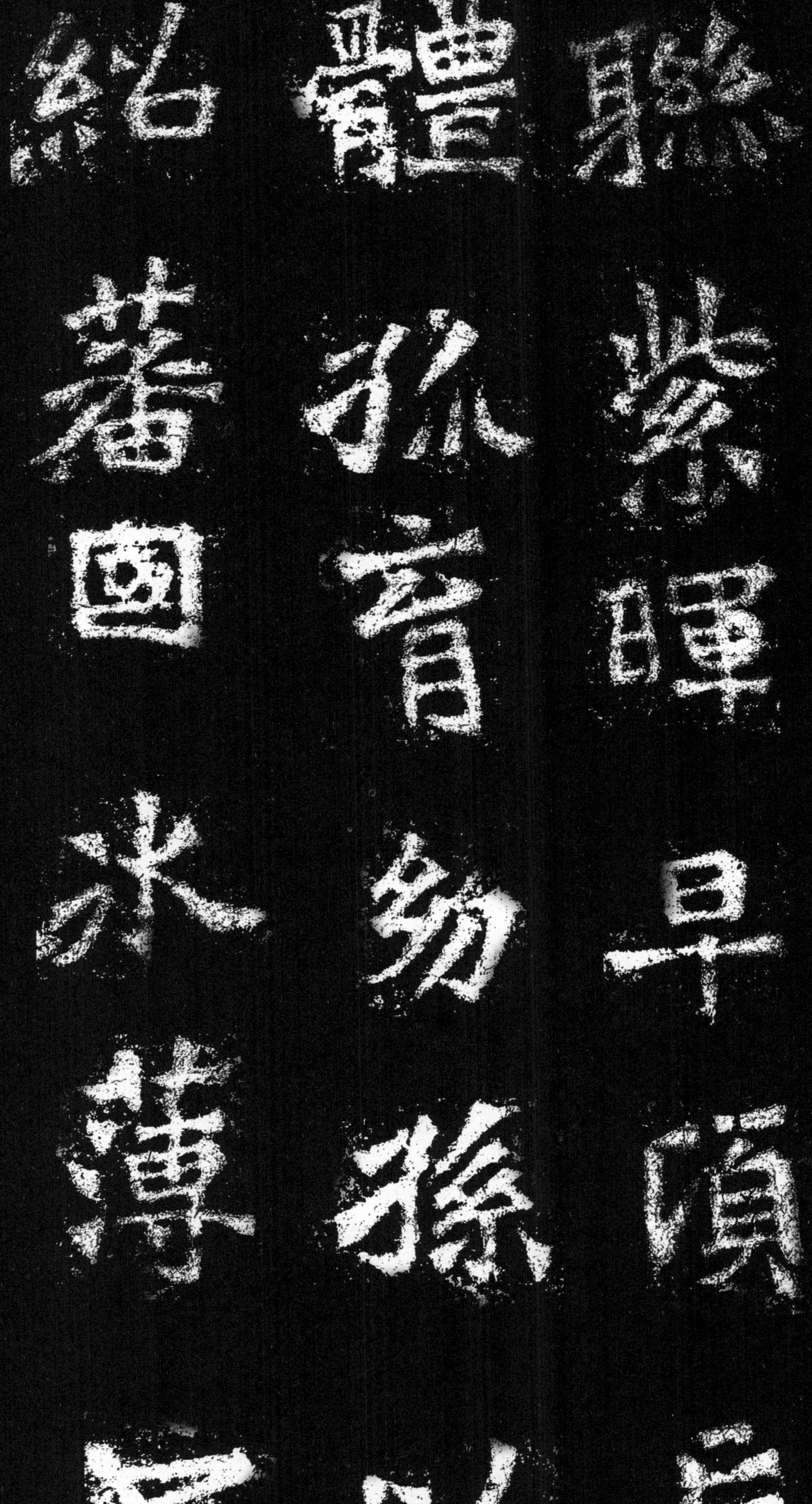

聯紫暉早頃片
體孤育幼孫以
紹蕃國冰薄之

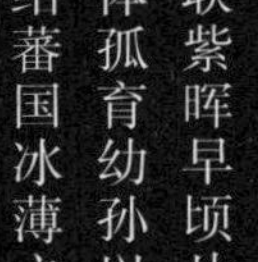

联紫晖早顷片
体孤育幼孙以
绍蕃国冰薄之

心唯歸真寂今
造彌勒像一區
願此微因資潤

心唯归真寂今
造弥勒像一区
愿此微因资润

神識現身永康
朗悟旨覺遠除
曠世無明惚業

神识现身水康
朗悟旨觉远除
旷世无明惚业

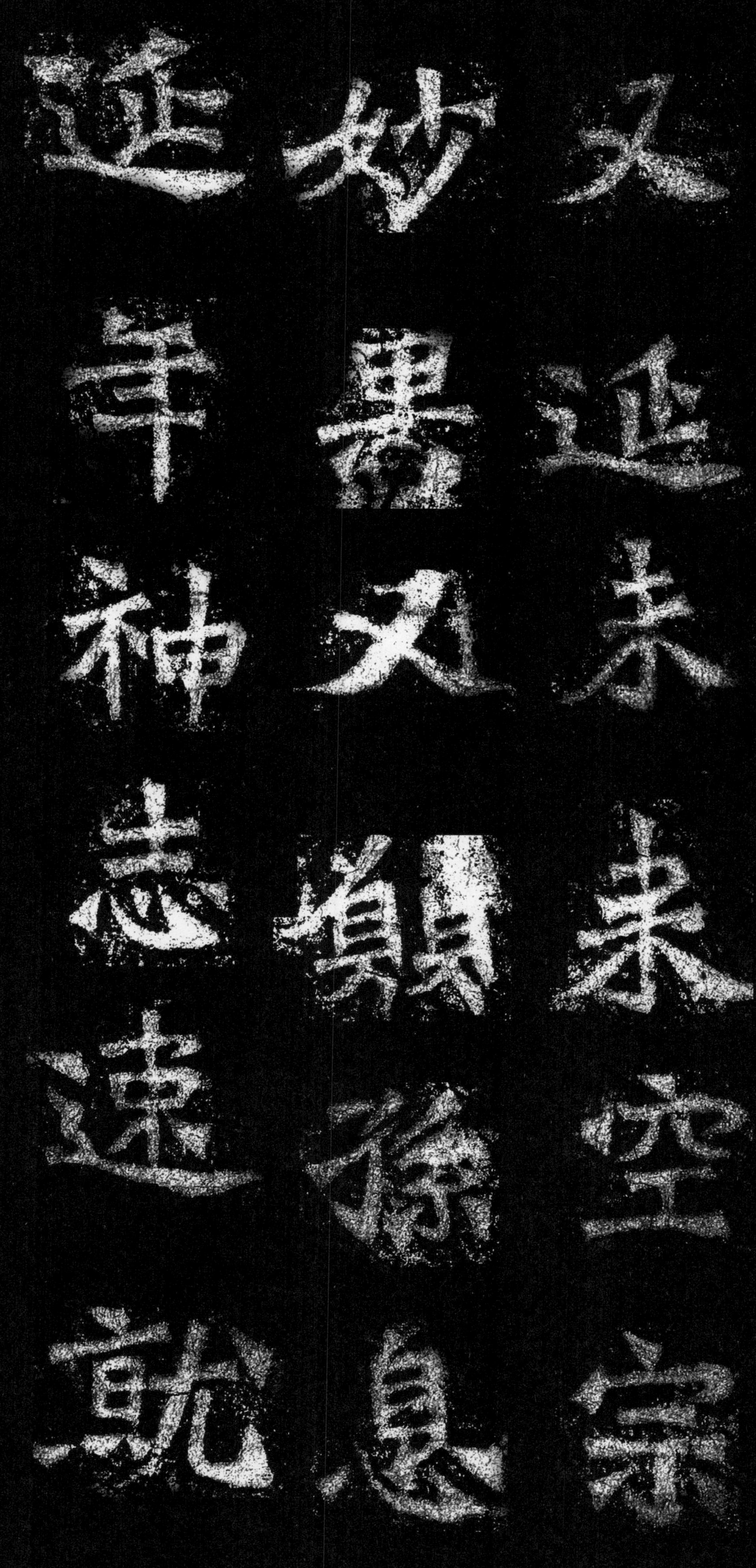

又延未来空宗
妙果又愿孙息
延年神志速就

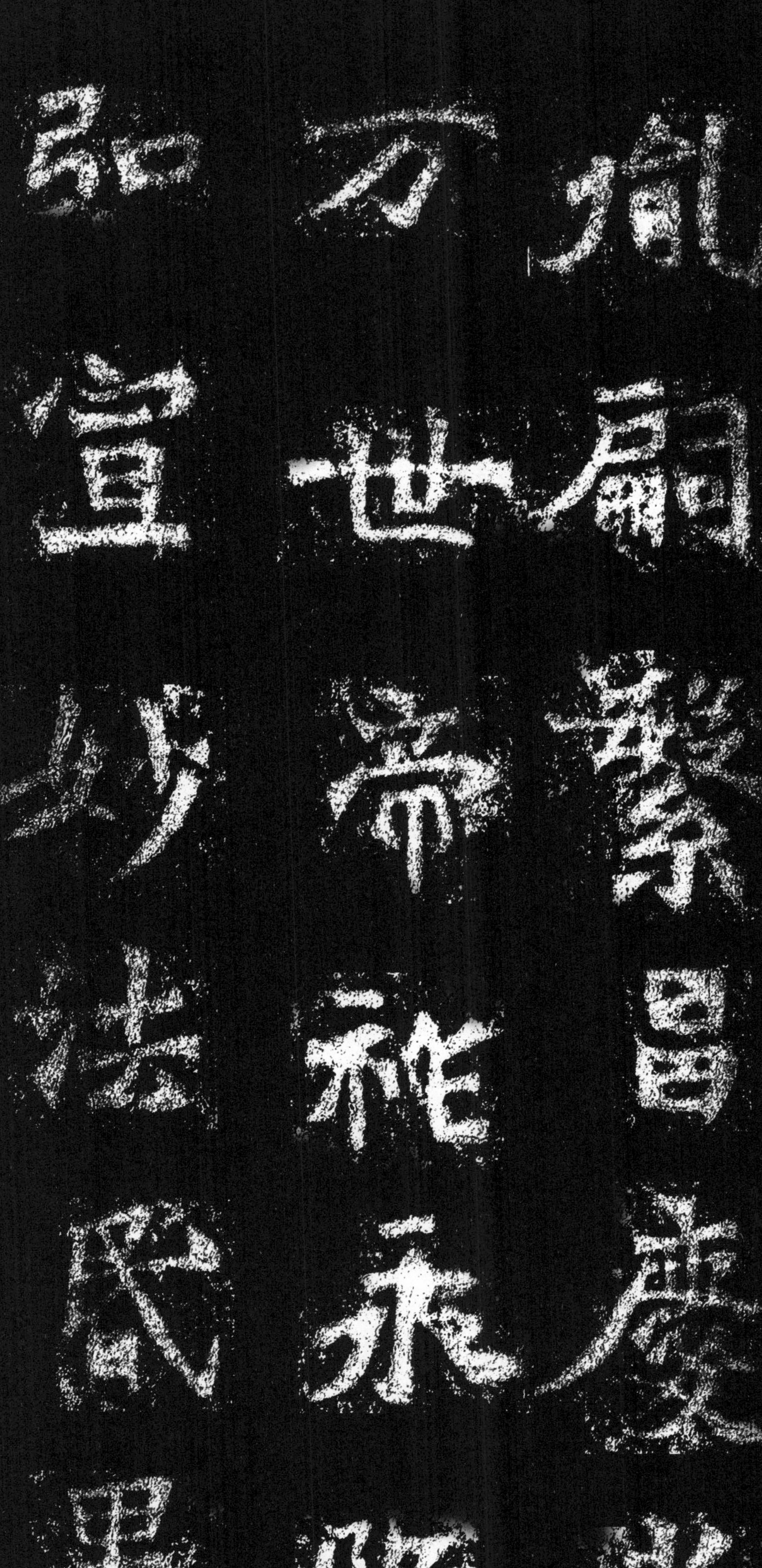

胤嗣繁昌庆光
万世帝祚永隆
弘宣妙法昏愚

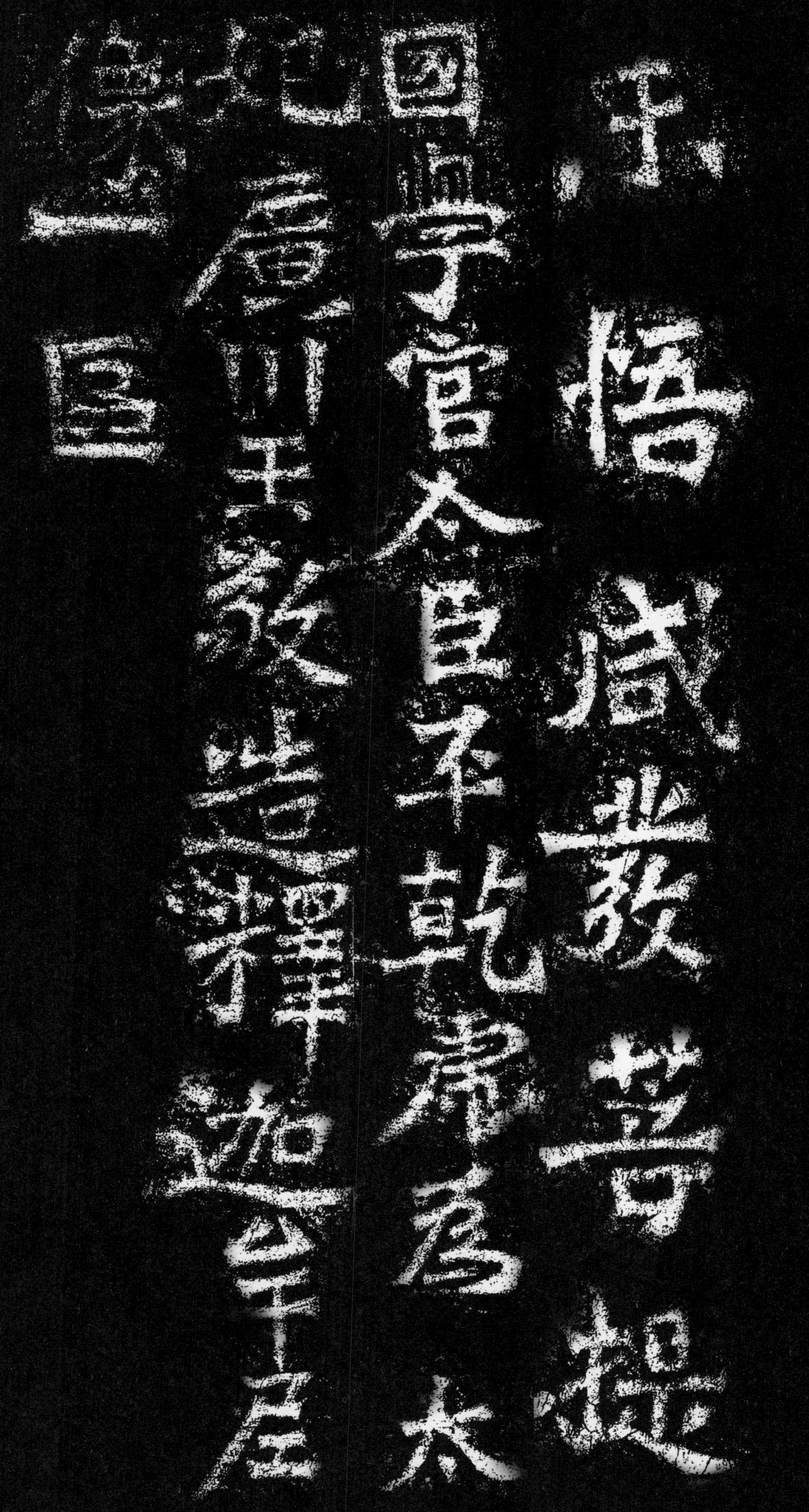

未悟咸发菩提
国学官□臣□乾□为太
妃广川王敬造释迦牟尼
像一区

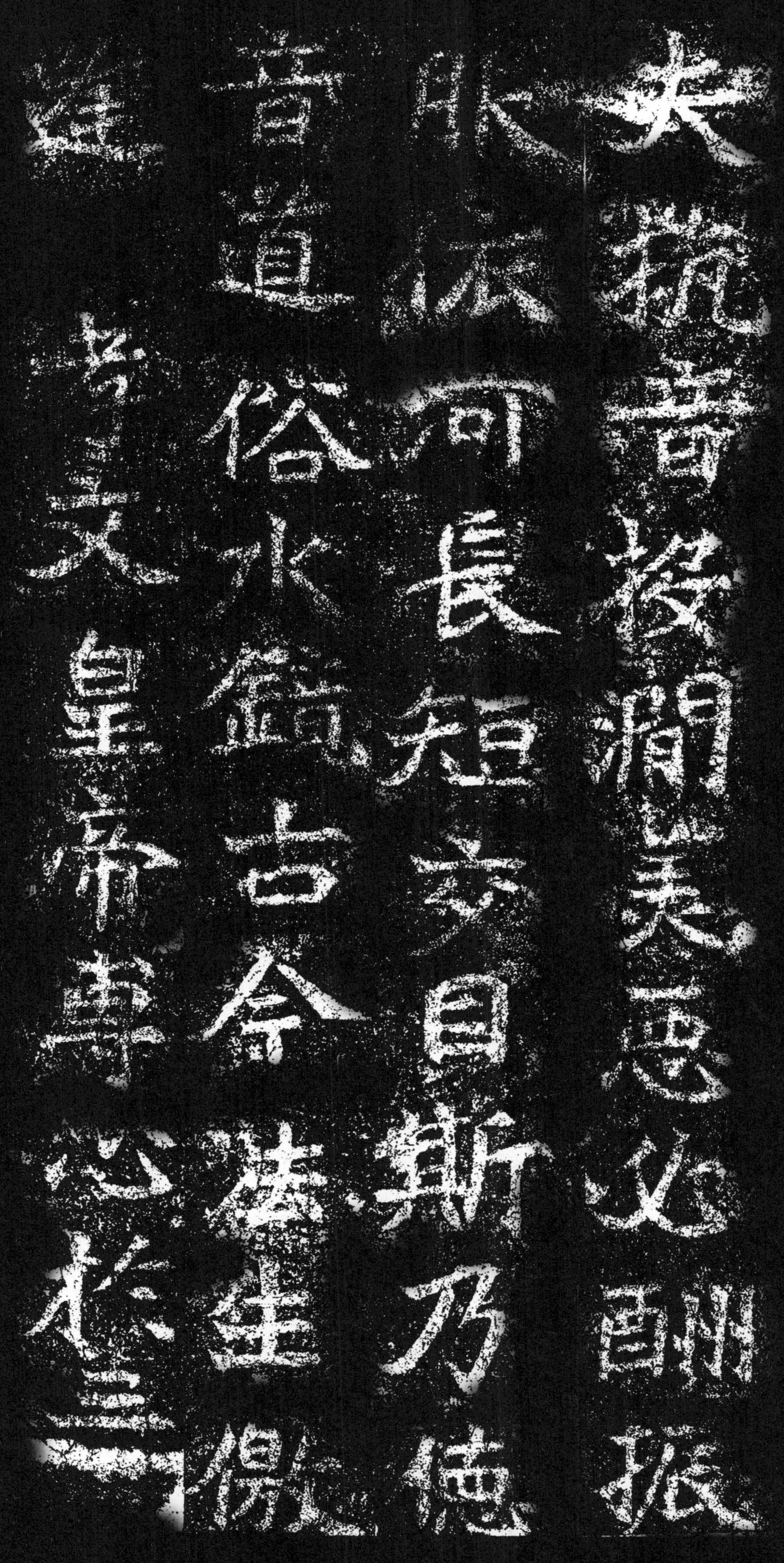

比丘法生造像记

夫抗音投涧美恶必酬振

服依河长短交目斯乃德

音道俗水镜古今法生微

逢孝文皇帝专心于三

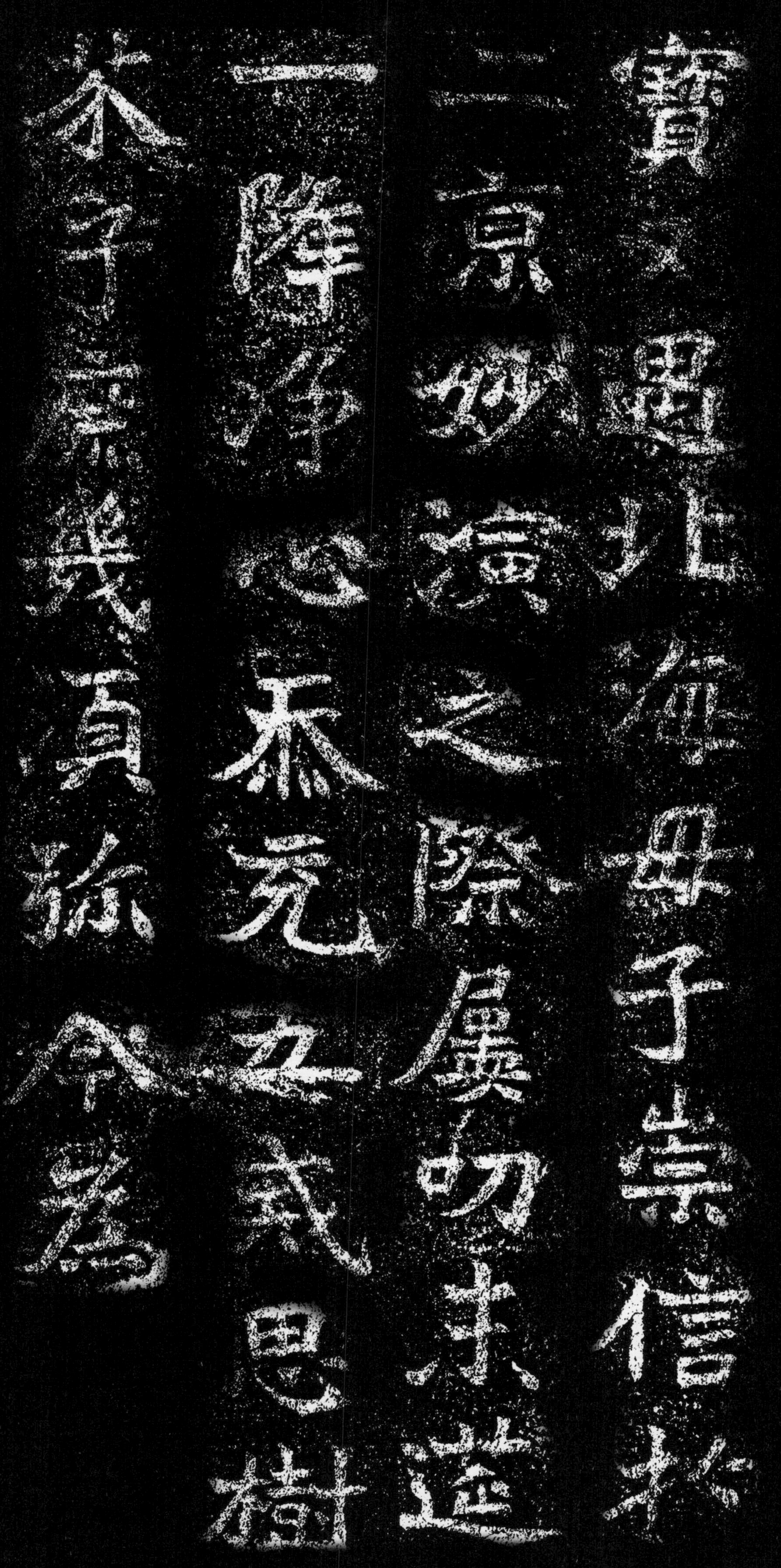

宝又遇北海母子崇信于
二京妙演之际屡叨末筵
一降净心忝充五戒思树
芥子庶儿须弥今为

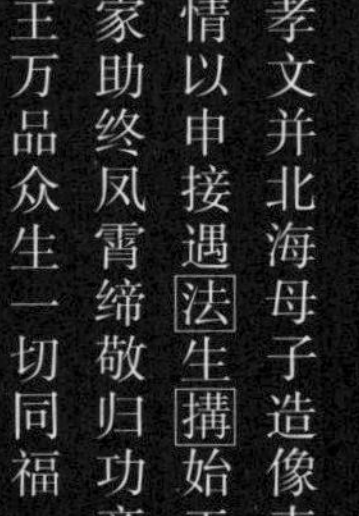

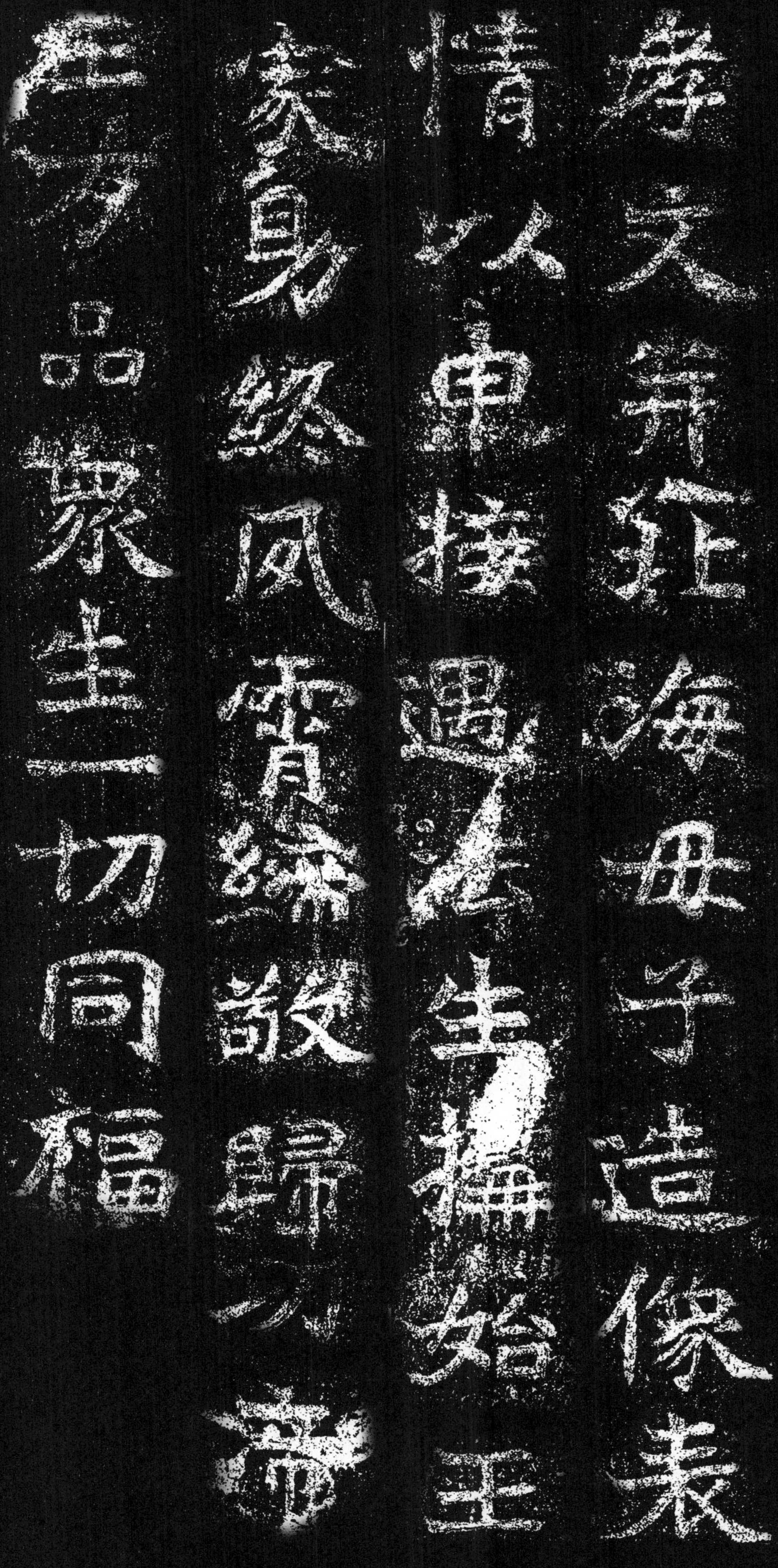

孝文并北海母子造像表
情以申接遇法生搆始王
家助终凤霄缔敬归功帝
王万品众生一切同福

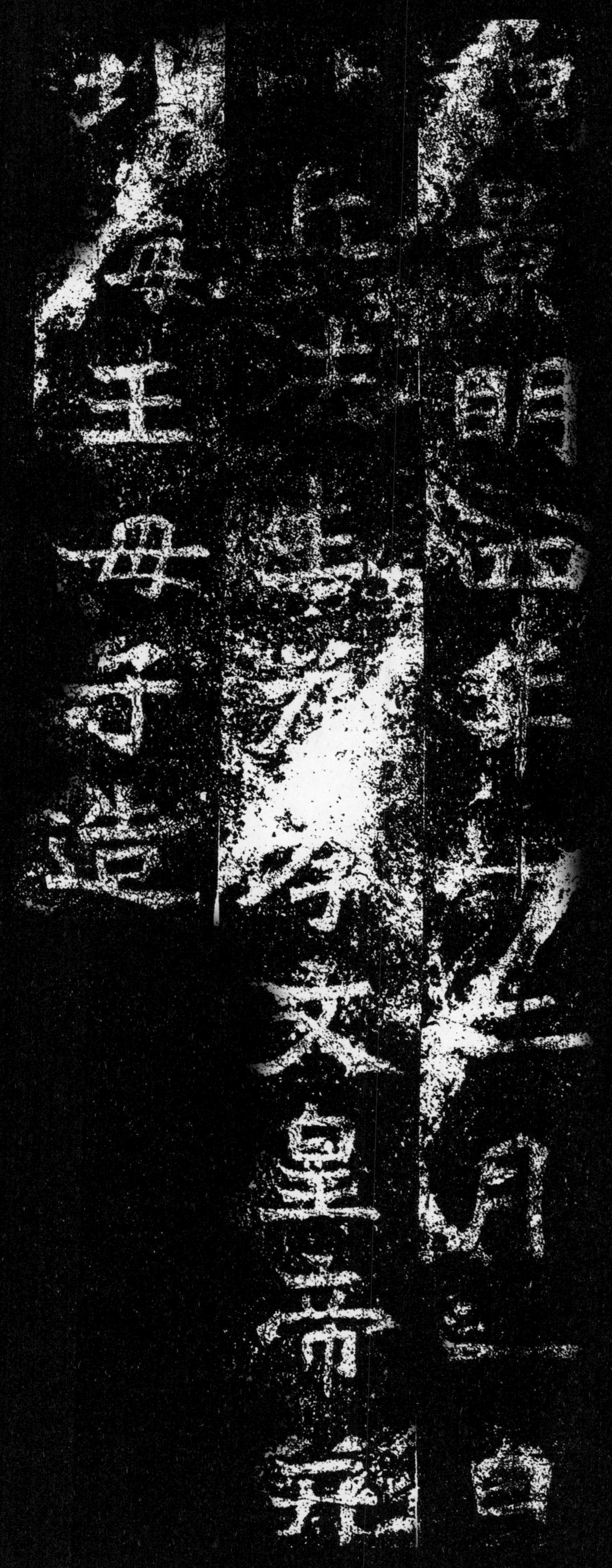

魏景明四年十二月一日
比丘法生为孝文皇帝并
北海王母子造

安定王元燮造像记

魏圣朝太中大夫安定王元燮造

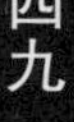

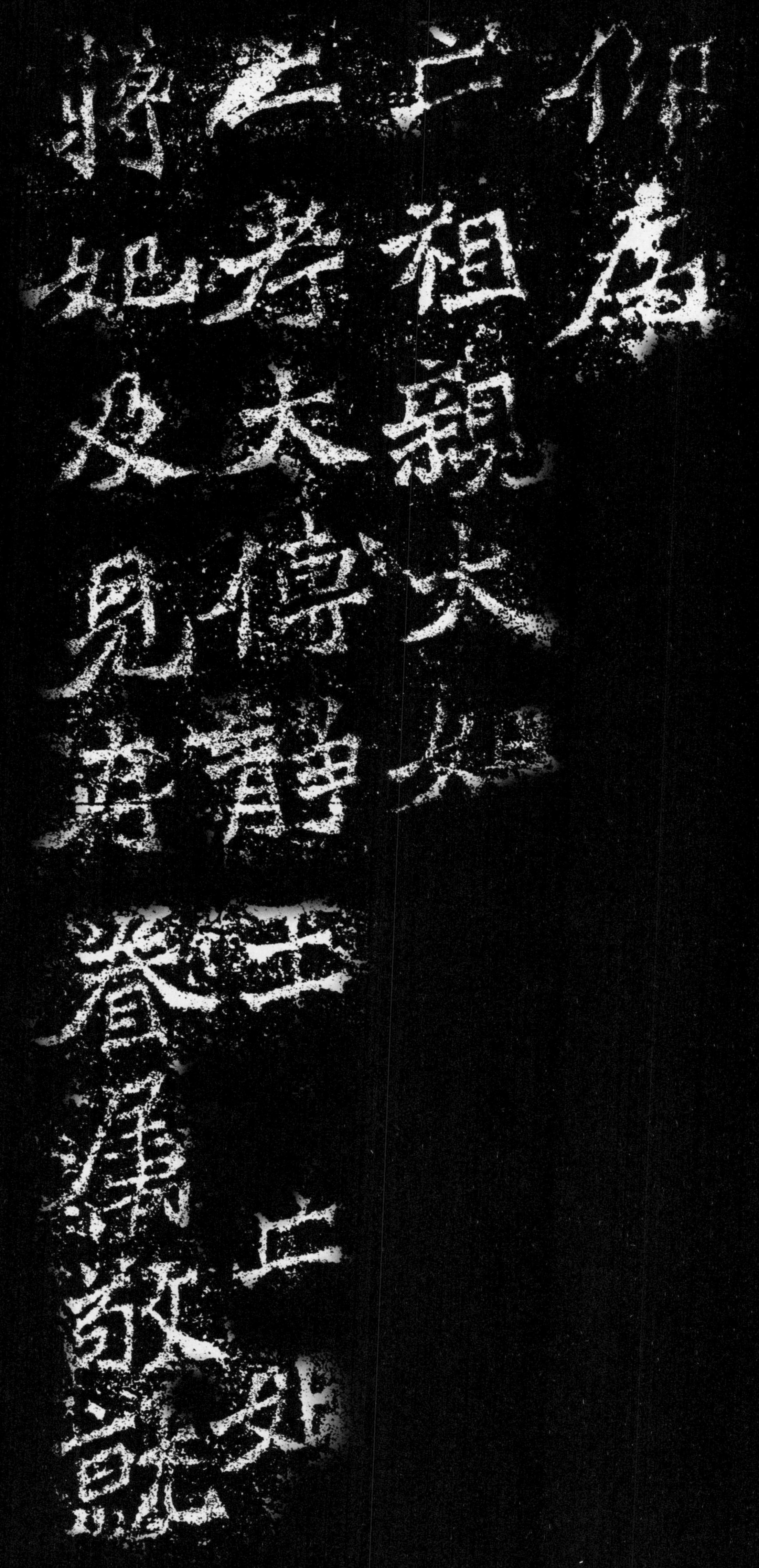

仰为
亡祖亲太妣
亡考太傅静王亡妣
蒋妃及见存眷蜀敬就

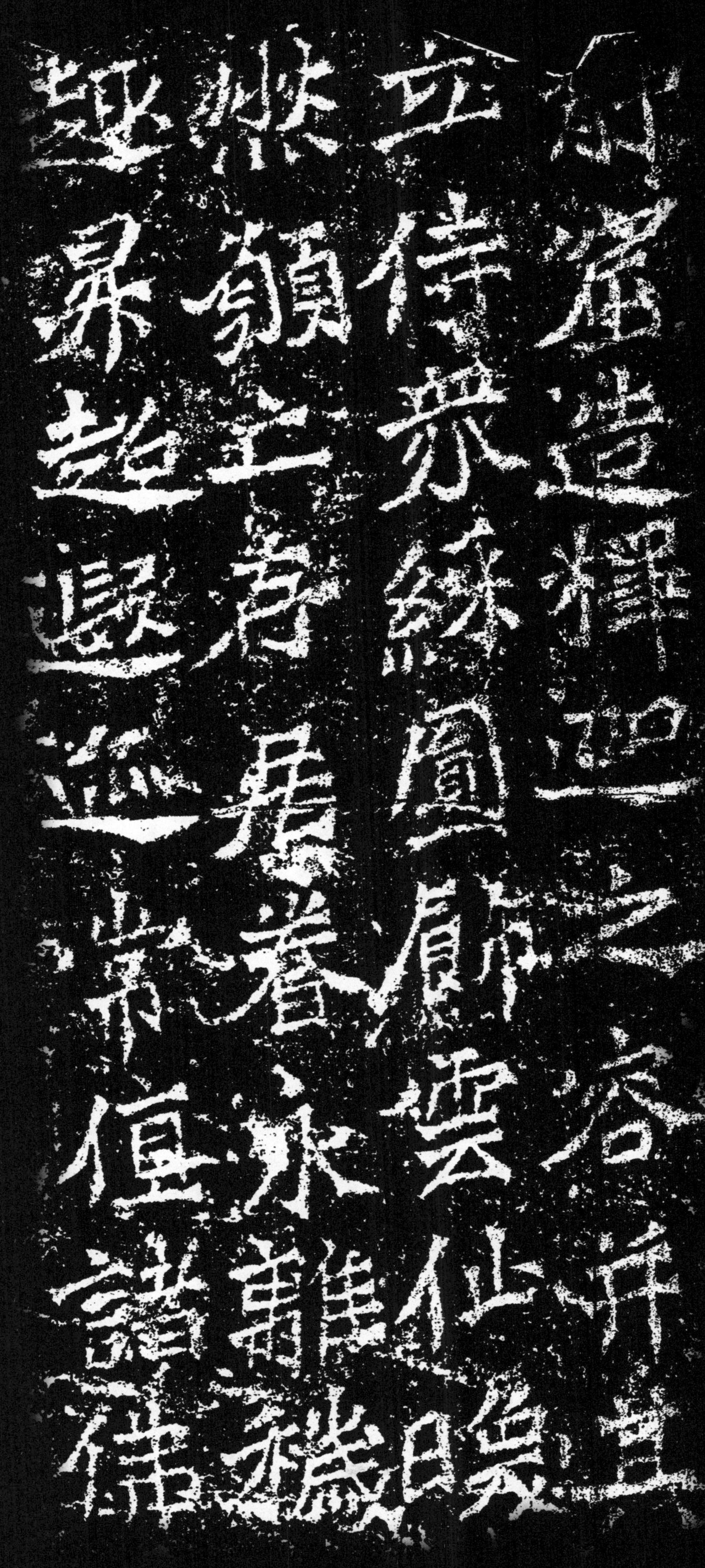

静窟造释迦之容并其
立侍众采圆饰云仙焕
然愿亡存居眷永离秽
趣升超遐迹常值诸佛

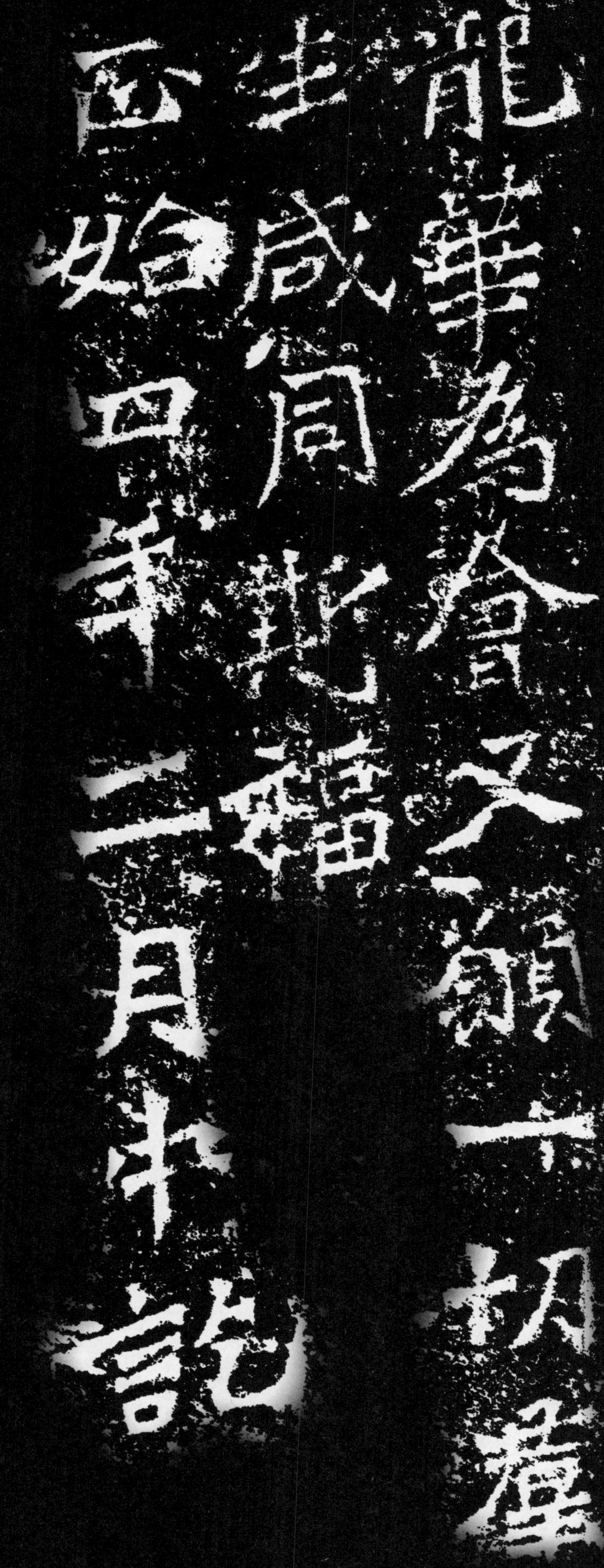

龙华为会又愿一切群
生咸同斯福
正始四年二月中讫

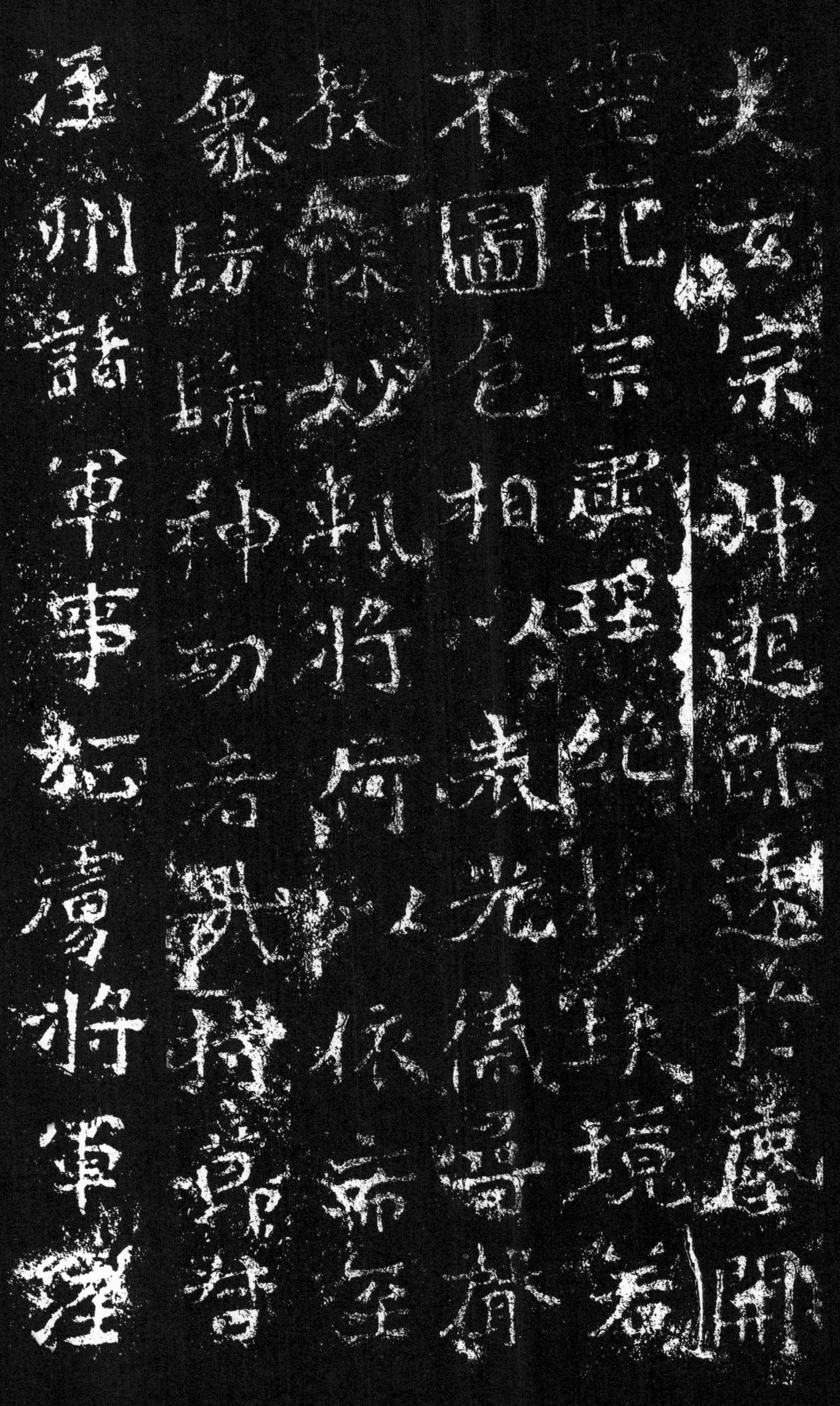

齐郡王元祐造像记

夫玄宗冲邈迹远于尘关

灵范崇虚理绝于埃境若

不图色相以表光仪寻声

教陈妙轨将何以依希至

象仿佛神功者哉持节督

泾州诸军事征虏将军泾

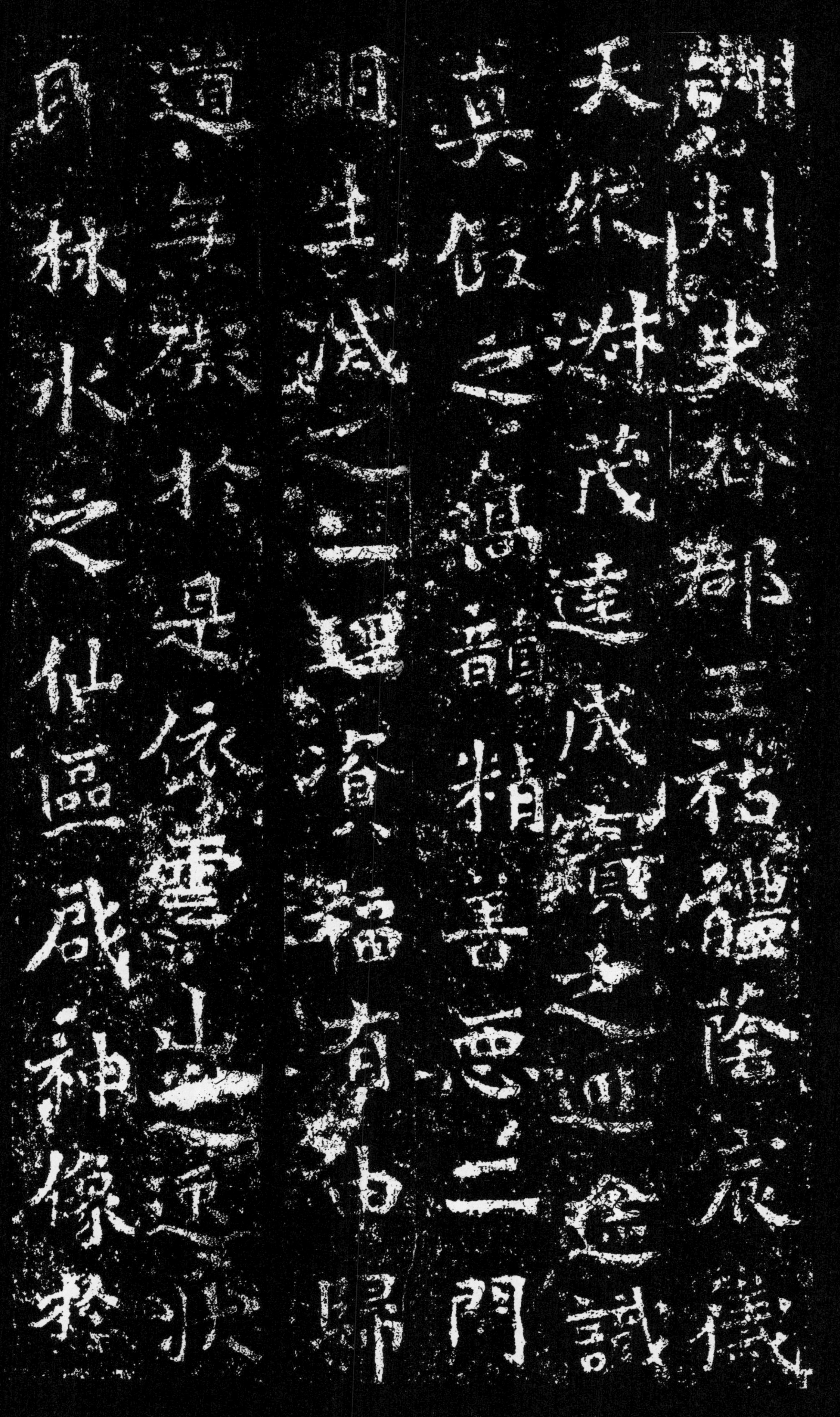

州刺史齐郡王祐体荫宸仪
天纵淑茂达成实之通途识
真假之高韵精善恶二门
明生灭之一理资福有由归
道无碍于是依云山之逸状
即林水之仙区启神像于

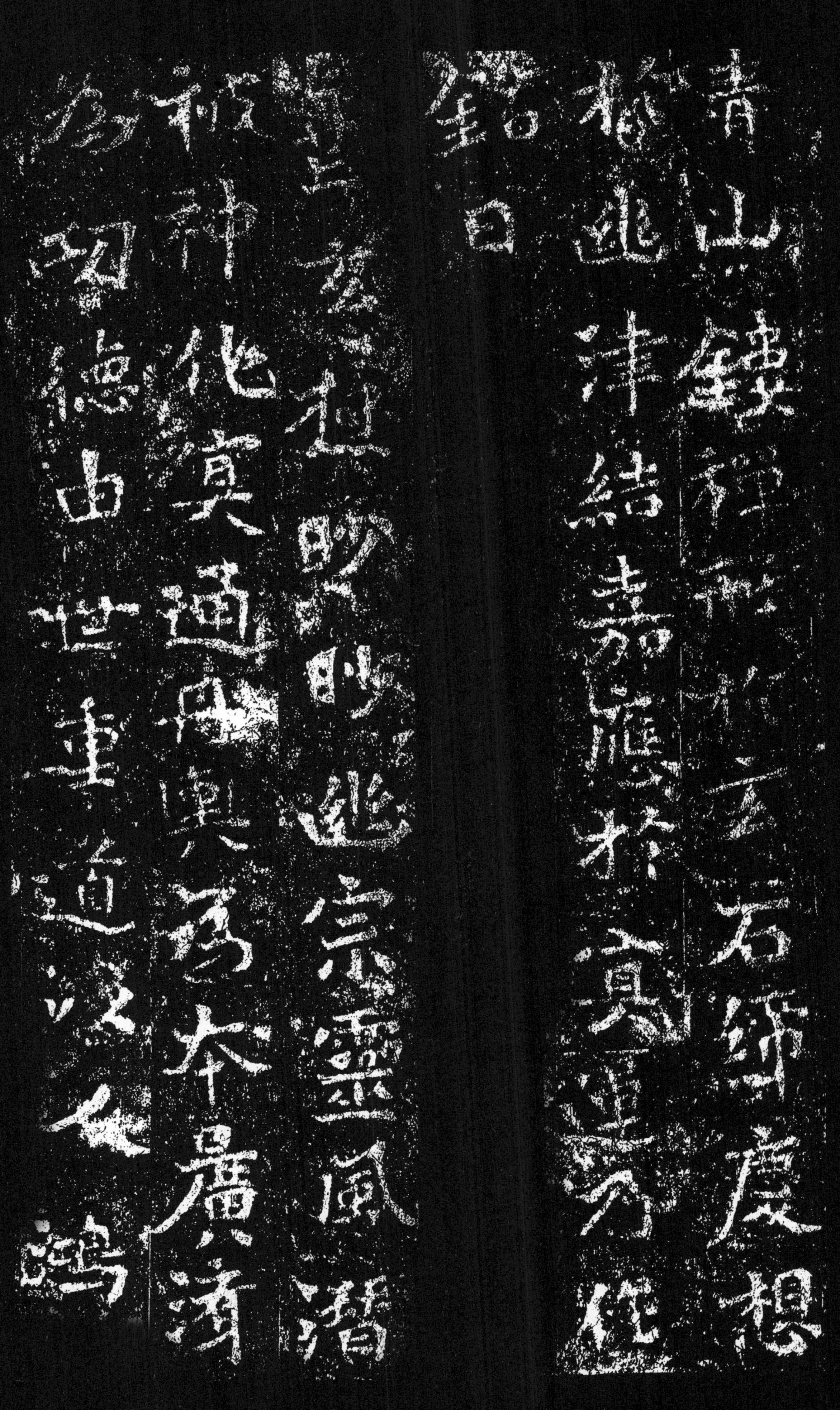

青山俊禅形于玄石缔庆想
于幽津结嘉应于冥运乃作
铭曰
芒玄极眇眇幽宗灵风潜
被神化冥通舟舆为本旷济
为功德由世重道以人鸿

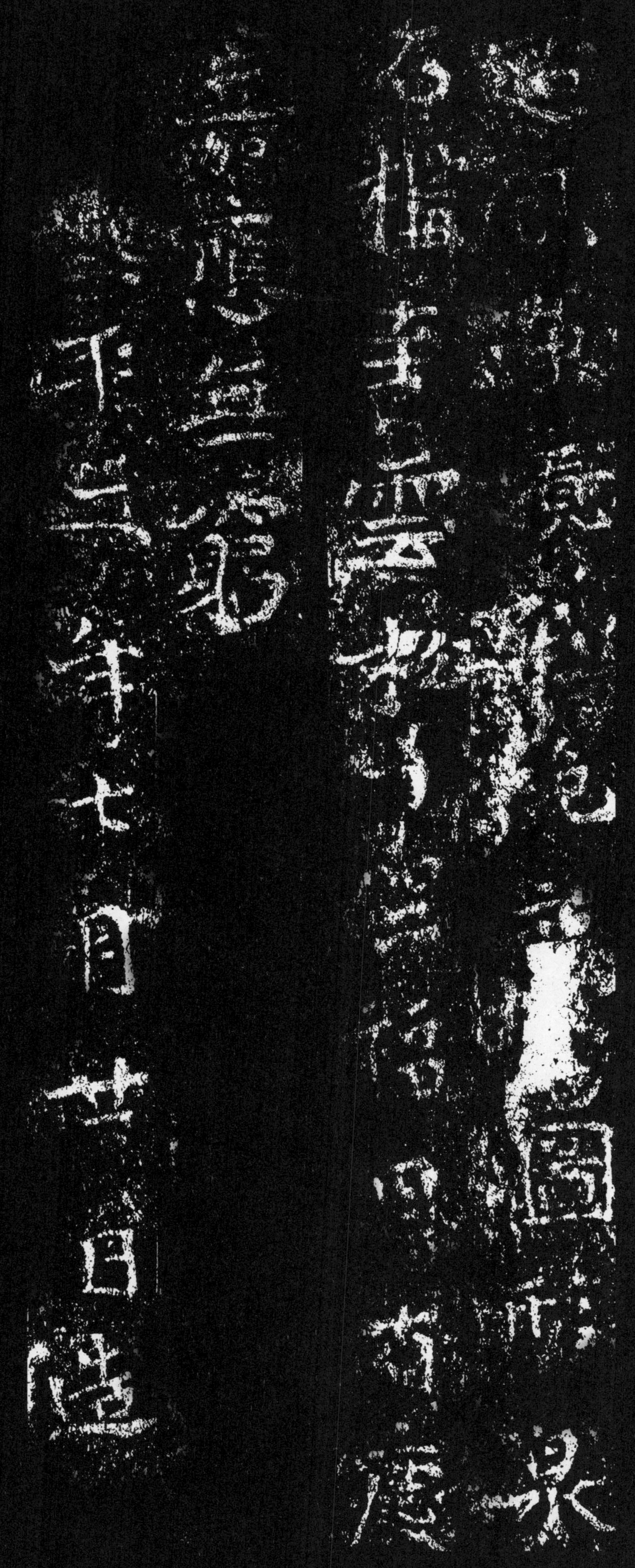

超观净境遐绝尘□图形泉
石构至云松三空福田有庆
嘉应无穷
熙平二年七月廿日造

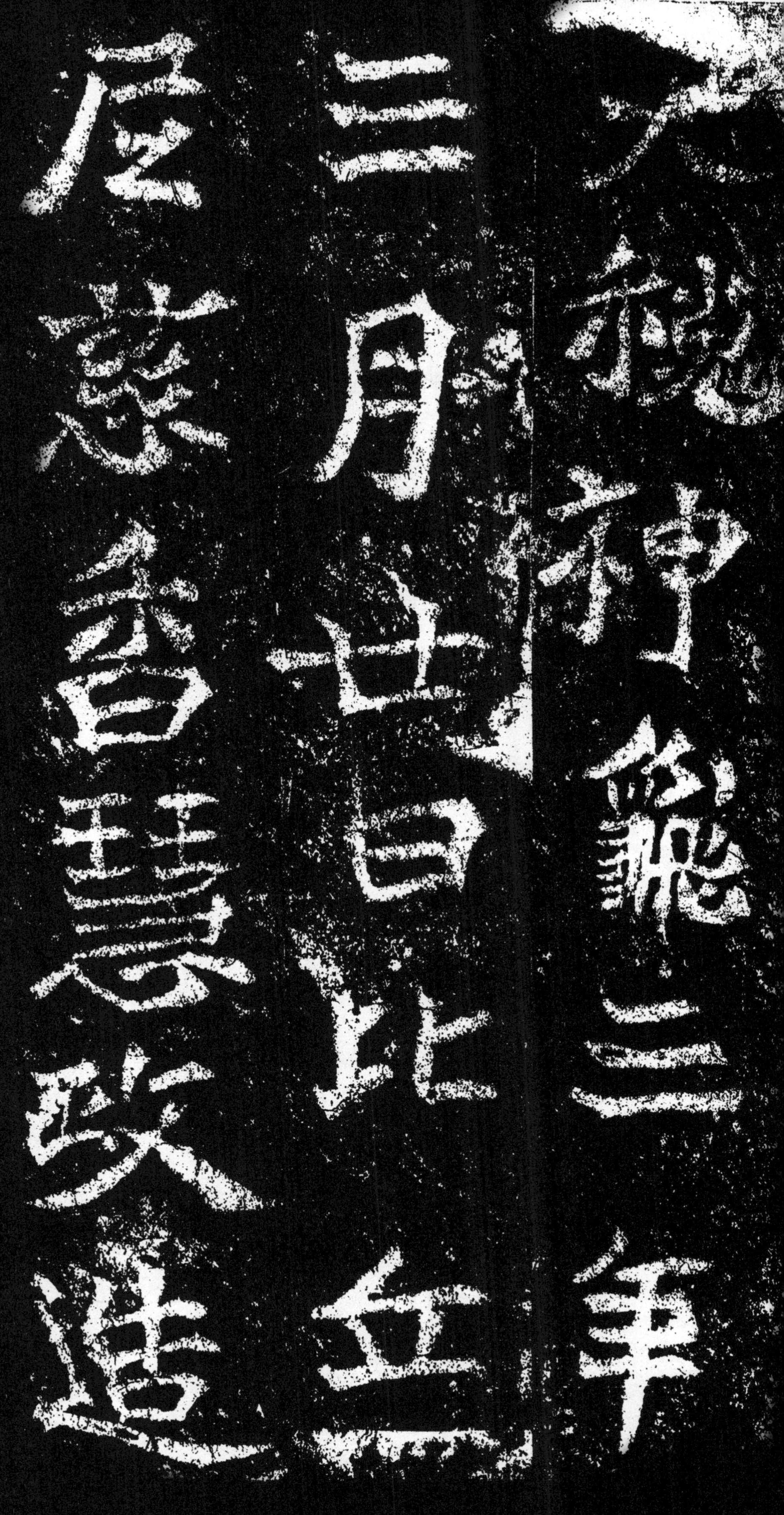

比丘尼慈香慧政造像记
大魏神龟三年
三月廿日比丘
尼慈香慧政造

窟一区記夫零覺弘虛非體真遂其跡道建

窟一区记夫
零觉弘虚非体
真遂其迹道建

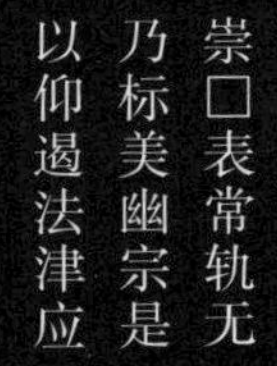
崇□表常轨无
乃标美幽宗是
以仰遏法津应

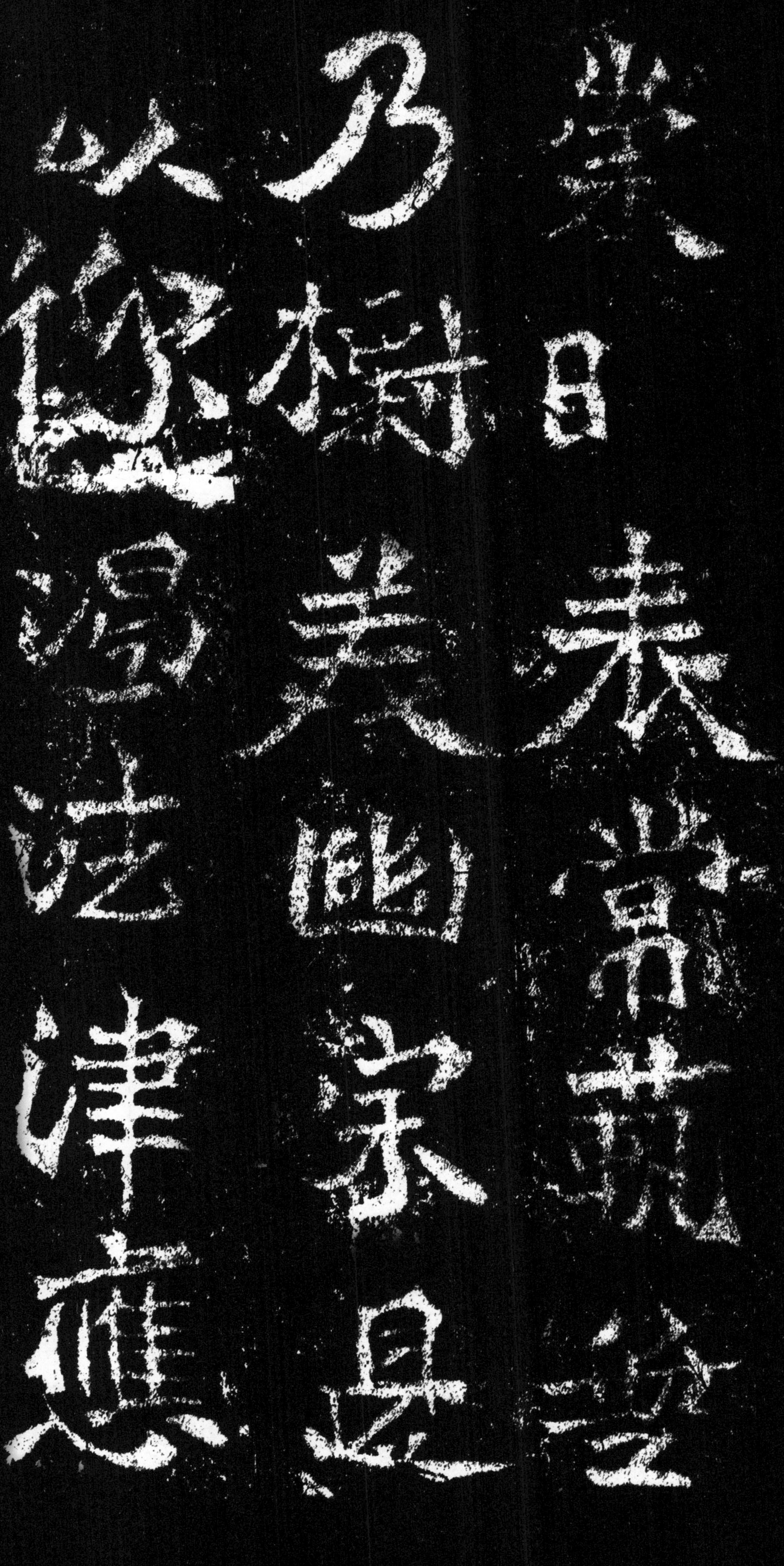

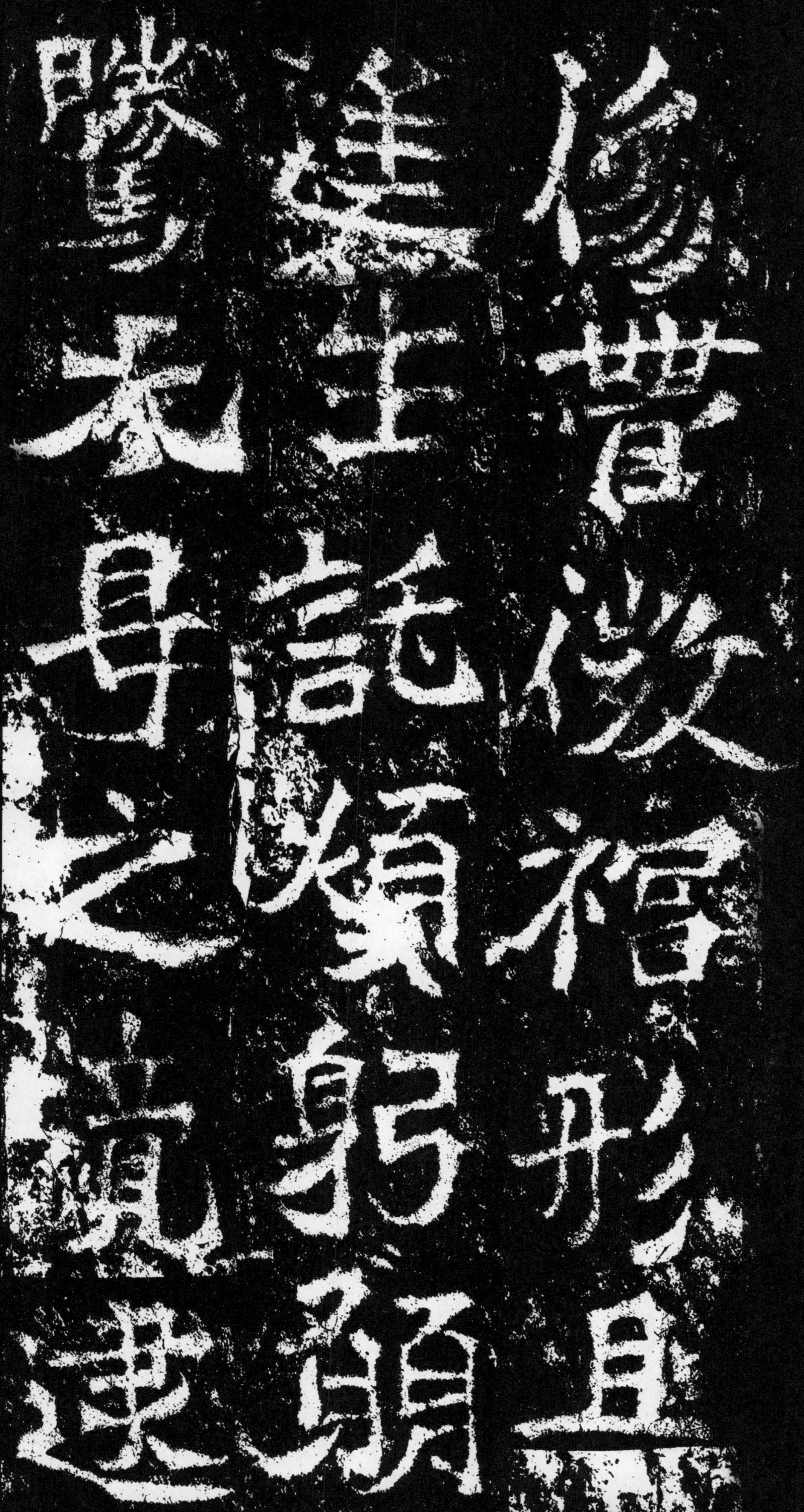

像营微福形且
遥生托烦躬愿
腾无碍之境逮

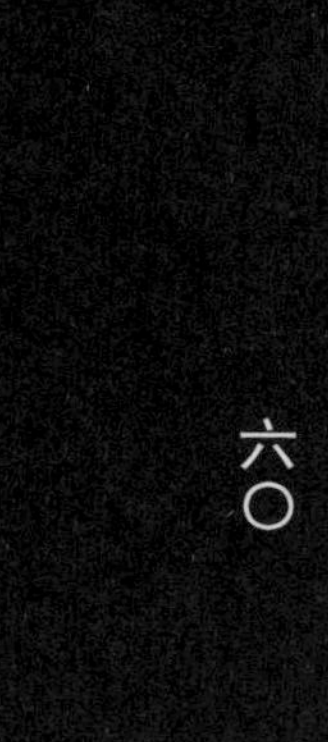

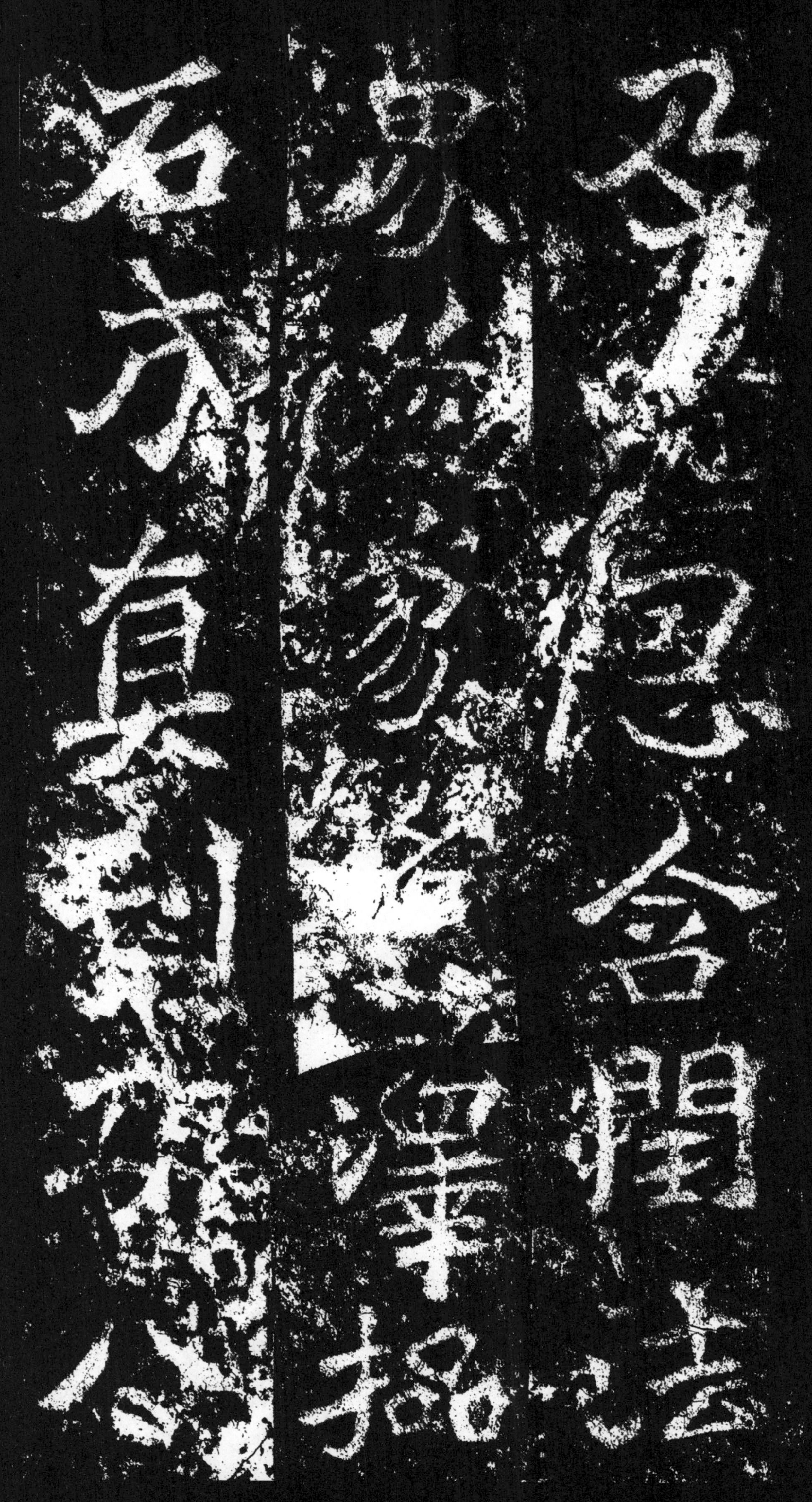

及□恩含闰法
界慈蒙□泽操
石成真刊功八

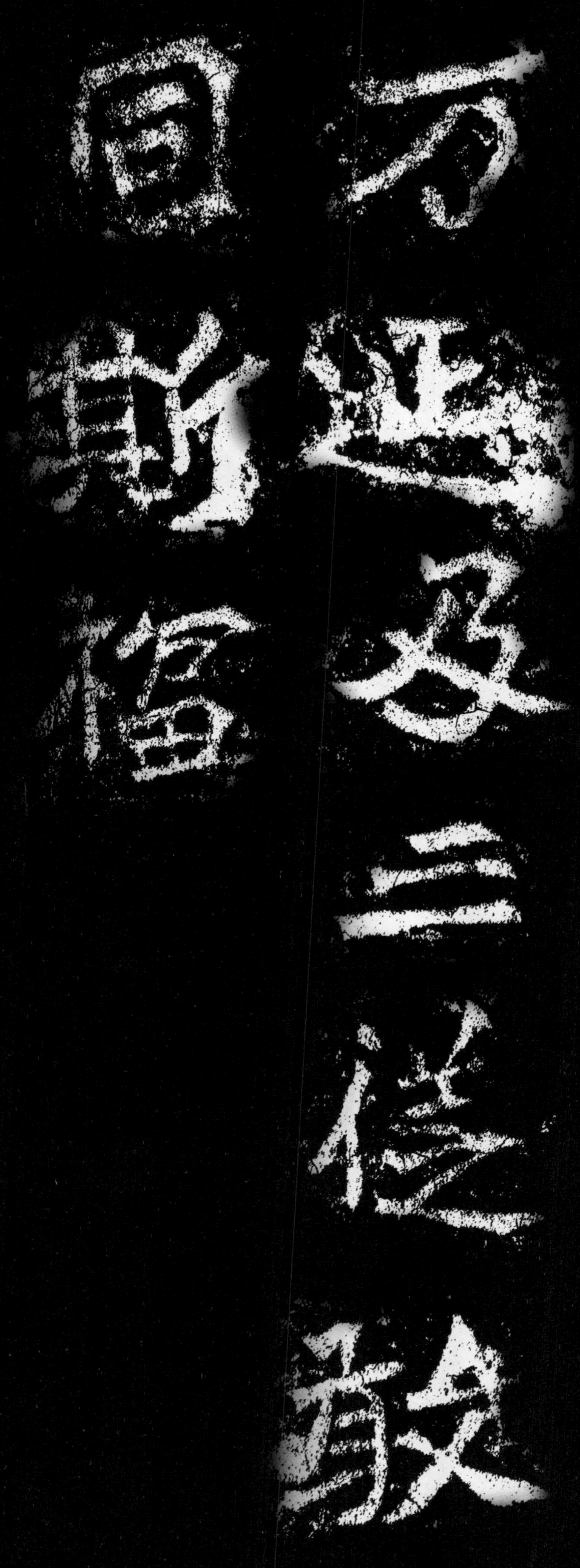

万延及三从敢
同斯福

图书在版编目（CIP）数据

龙门石窟拓．下 / 刘开玺编著．-- 哈尔滨 ：黑龙江美术出版社，2023.2
（中国历代名碑名帖原碑帖系列）
ISBN 978-7-5593-9053-0

Ⅰ．①龙… Ⅱ．①刘… Ⅲ．①楷书－碑帖－中国－北魏 Ⅳ．①J292.23

中国国家版本馆CIP数据核字(2023)第008041号

中国历代名碑名帖原碑帖系列——龙门石窟拓 下

ZHONGGUO LIDAI MINGBEI MINGTIE YUAN BEITIE XILIE —— LONGMEN SHIKU TA XIA

出 品 人：于 丹
编　　著：刘开玺
责任编辑：王宏超
装帧设计：李 莹 于 游
出版发行：黑龙江美术出版社
地　　址：哈尔滨市道里区安定街225号
邮　　编：150016
发行电话：（0451）84270514
经　　销：全国新华书店
印　　刷：哈尔滨午阳印刷有限公司
开　　本：720mm×1020mm 1/8
印　　张：8.25
字　　数：68千
版　　次：2023年2月第1版
印　　次：2023年2月第1次印刷
书　　号：ISBN 978-7-5593-9053-0

定　　价：25.00元